U0908532

乐爷爷的孙子新兵法

LEYEYE DE SUNZI XINBINGFA

乐善耀‖著

文匯出版社

图书在版编目（CIP）数据

乐爷爷的孙子新兵法 / 乐善耀著. —上海：文汇出版社，2017.3

ISBN 978 - 7 - 5496 - 2023 - 4

Ⅰ. ①乐… Ⅱ. ①乐… Ⅲ. ①家庭教育 Ⅳ. ①G78

中国版本图书馆 CIP 数据核字（2017）第 041392 号

乐爷爷的孙子新兵法

著　　者 / 乐善耀
绘　　画 / 石跃天

责任编辑 / 黄　勇
封面装帧 / 张　晋

出版发行 / 文匯出版社
上海市威海路 755 号
（邮政编码 200041）
经　　销 / 全国新华书店
排　　版 / 南京展望文化发展有限公司
印刷装订 / 江苏省启东市人民印刷有限公司
版　　次 / 2017 年 3 月第 1 版
印　　次 / 2017 年 3 月第 1 次印刷
开　　本 / 640×960　1/16
字　　数 / 210 千字
印　　张 / 15

ISBN 978 - 7 - 5496 - 2023 - 4
定　　价 / 30.00 元

自序

我的育孙梦

每个家庭都有一个“梦”。孩子的未来就是每个父母的“梦”，也是我们爷爷、奶奶、外公、外婆的“梦”，从“育儿”到“育孙”，是我们全家共同的“梦”。

我常在想：再过20年，我该90岁了。我的外孙犊犊呢，该大学毕业了吧，该从世界名牌大学中完成了他最高的学业，得到了博士学位。为了圆这个“梦”，我们全家从孩子降生那天起，就设定了这个目标。在这个大目标下又可分解出许多小目标，这叫大处着眼，小处着手。为了孩子早日独立，孩子从2岁学会走路，3岁独立吃饭，4岁学会自己穿衣服，5岁自己向老师请假……在期待中，我们一天比一天淡化家庭对他的“保护”，在孩子从幼儿园到小学成长的足迹中，从老师手中得到五角星孩子脸上露出的欢笑中，我们看到孩子一天天在长高，一天天在长大。

为了追求这个美丽的“梦”，我们全家趁去美国自助游之际，专程拜访了斯坦福大学教授骆利群，他是我朋友骆老师之子。那天，在骆利群带领下，我们全家兴致勃勃地参观了斯坦福大学，走进了骆利群实验室，我的外孙端坐在他实验桌前，用电子显微镜去发现每个生物细胞中的“微观世界”。

我们对孩子的“梦”，绝对不能仅仅停留在孩子能达到什么学历，能进什么样的名牌大学，能否出国留学。难道将来的社会是一个唯学历社会吗？社会的现实告诉我们：能力比学历更重要，智慧比知识更重要，情商比智商更重要。

站在孩子“美好未来”高度，高学历会给孩子的一生带来幸福吗？未必！如果有了高学历，却没有健康的体魄，没有健康的身心，他会幸福吗？如果他有了高学历，他难以与人沟通，难以与人合作，不懂与人分享，不能适应社会，孤家寡人，以我为中心，没有朋友，没有友谊，他会幸福吗？如果我们把幸福分解为一个算式的话，那么，幸福＝身心健康＋道德品质＋知识学历＋对社会奉献。

明天的“梦”是立足于今天现实，今天是为明天的“梦”奠基的。如果我们急功近利，只图眼前，不顾将来，为了孩子能考个好分数，为了考试第一名，为了能进一所好学校，牺牲孩子的睡眠时间，把孩子束缚在题海之中，放弃一切社会实践，无暇顾及体育锻炼，孩子的未来会幸福吗？

家家都有“育儿梦”，户户都有“育孙梦”。若要“梦想成真”，必须站在孩子“美好未来”和“终身幸福”的高度，对孩子将来负责，终身负责。如果没有这个高度，看不到二十年以后社会对人才的需求，看不到孩子终将离开父母，独立于社会这一不可抗拒的成长规律。今日之教育与明日之美梦必然背道而驰，其结果可能是“白日梦”——一场空！

千里之行，始于足下。为了实现我们的“育儿梦”和“育孙梦”，我们要把教育目标贴近生活，贴近孩子的实际，真正把美梦从“天上”落到“地上”，因为孩子二十年以后的幸福要靠他自己双手去创造的。我们期望他成为社会有用的“人才”，但应“先成人，后成才”，成为堂堂正正大写的人，一个身心健康的人，一个热爱生活、珍惜生命的人，一个适应社会取得进入社会“通行证”的人。

其实，很多父母所做的“梦”，并非孩子自己的“梦”；很多祖辈所做的“梦”，也非孩子父母之“梦”。我们称之为“同床异梦”“同家异梦”。为人父母者，应当明白：一个孩子一个样，每个孩子兴趣、特长、潜能各不相同，有其长必有其短。何必都去做共同的梦？何必代替孩子去做梦？如果只有父母的梦，而没有孩子自己的梦，这个梦难以“梦想成真”。

让每个孩子都有自己的梦，这就是学校教育的艺术，也是家庭教育的真谛。

前言

让每个老人“开心、开明、开窍”

十年前，我从上海教育科学研究院退休，回归家庭，却退而不休，很快进入“外公”的角色，对我来说，这是一个全新的角色，更是一个既诱人又烫手的角色。虽然我有着长期从事家庭教育理论研究与实践指导经验的积累，四十二年前成为女儿的爸爸，并有着引以为自豪的家庭教育的成功经验。然而，今天自己作为祖辈，参与对第三代的教育，却有着不一样的感悟和体会：理论与实践的差距，父亲与外公角色的碰撞，现代与传统的鸿沟……我有过困惑，有过迷茫，有过喜悦，也有过成功，于是内心有了一种冲动，想把它写成文字，与老年朋友共同分享，又应上海老年大学东华大学分校之邀，登上了《孙辈教育》的讲坛。我深深地体会到，能与大家共同分享，这是一种无与伦比的幸福，这是人生 60 岁后的一大快乐。

每个健康的家庭都是一个“等边三角形”

如果把每一个三口之家比作一个“三角形”，那么这个三角形一定是一个等边三角形。丈夫与妻子是这个三角形的两个底角，孩子便是三角形的顶角。每个角都是60度。因为在每个家庭，不管是大人小人，还是男人女人，每个人在人格上是平等的，都应该得到尊重和关爱。孩子是个顶角，也是60度，因为孩子也是一个大写的人，他既不是父母的私有财产，更不是家庭中的小太阳。丈夫和妻子是这个三角形的两个底角，连接这两个角的底线是夫妻关系，具有距离最近，关系最密切，依赖程度最高的特征。夫妻关系和谐是孩子健康成长的温馨港湾，是有效家庭教育的基石。

在这个等边三角形中，连接三个角的三条边便是家庭中的三个关系：夫妻关系，父亲与孩子、母亲与孩子的亲子关系，这是谁也无法替代的血缘关系。良好的夫妻关系和亲子关系是建立在平等互动的沟通基础上，所以，三角形的三条边便是沟通的管道。今天，为什么孩子无话可对父母说？为什么父母摸不透孩子心里在想什么？为什么孩子的心里话不愿对父母说？为什么亲子之间话不投机半句多……归根结底：家庭中的沟通管道有了障碍。

调查结果显示：65%以上的中学生回家后感到与父母无话可说，“分数”“名次”成了亲子交谈永恒的主题。孩子对父母最大的不满是：只要我们好好学习，不要自己天天向上。孩子对父母的期望是：希望父母把我们看做大人，希望父母和我们一起学习。这是孩子心灵的呼唤，也是孩子对家庭的精神需求。而我们的家长在为孩子提供一流物质需求的同时，却疏忽了孩子更为需要的人文关怀。

如果我们把孩子比作一本“书”，作为孩子的父母真正把他读懂，非常不容易。不管是父辈还是祖辈，只有走进孩子的精神世界，才能成为孩子的朋友，才能取得家庭教育的实效。今天，每个家庭都向往幸福与快乐。但家庭的幸福离不开夫妻关系和亲子关系的和谐。和谐的亲子关系和夫妻关系是建立在沟通的基础上，难以设想，一个孩子与自己的父母无话可说，祖辈老是唠唠叨叨，这样的家庭有多少快乐？这样的家庭教育有多少实效？

沟通既是一个观念问题，也是一个技巧问题。我们与孩子说话是“居高临下”命令式？还是弯下身段，将心比心，换位思考？在今天快节奏的社会生活大背景下，我们的家长忙于工作，忙于事业，忙于赚钱，我们与孩子之间有无沟通的时间，有无沟通的话题，有无沟通的平台？一句话：与孩子说什么，怎样说，孩子才能爱听，怎样说才有效？这是一门艺术，这需要好好学习。至少当年我们当爸爸的年代是没有学过，今天当外公了，应该从头学起，否则的话，会影响他的成长和发展。

你说是吗？

六种不同的教育观念和方法

如果把当今社会的“三代同堂”用三角形来表示：那就是三个三角形，围着一个顶角。爸爸妈妈三口之家是一个三角形。爷爷奶奶的家庭是一个三角形；外公外婆的家庭也是一个三角形。六个大人都是三角形的底角，而孩子成了这三个三角形共同的顶角。今天的独生子女就是在这样的家庭环境成长的。他所面对的是两个大人、四位老人、十二只眼睛、六种不同的关爱、六种不同的期待、六种不同的教育观念和方法，生活中六种不同的声音……

来自上海社科院一份儿童家庭的研究报告表明，城市隔代教养比例不断攀升，上海已达到88.9%，这和近年来城市家庭“独生父母”现象有关。当年的70后、80后的独生子女都已结婚生儿育女，他们已成为我国第一代独生父母。“独生父母”是指年轻的父母本身自己也是独生子女，在这些家庭中，由于父母双方都是独生子女，所以在大家庭中的孙辈数量减少，物以稀为贵，双方老人纷纷将照顾这唯一的“希望”视为自己义不容辞的责任和荣耀。

该研究显示，城市家庭中近一半的“独生父母”家庭完全依靠祖辈来照料孩子，比非独生父母要高出近20%，差异非常显著。而近两年类似的调查显示，这一比例还在不断攀升。

隔代教养现象之所以越来越普遍，和这种教养模式本身的优点有关。就国内的情况来看，隔代教养的最大优势在于代际之间的时间互补：退休后赋闲在家的爷爷奶奶、外公外婆们渴望儿孙绕膝，以享天伦之乐；而年轻的父母们在社会变迁和竞争压力下，希望能把更多的精力投入到工作、学习和自我实现中去；刚刚起步的家政、保姆市场又无法满足这些家庭的需求。于是乎，将孩子交给长辈全部教养或部分教养成为一件顺理成章的事。

但隔代教养现象并不像人们想象得那么简单，选择隔代教养的家庭也并不是完全相同的，按不同的标准可以把它们分为很多不同的类型。

如隔代教养家庭是由父系还是由母系的父母来帮助照顾？最近的调查发现，国内城市家庭中，由女方父母来照料下一代的数量超过了男方父母。而在广大的农村，祖父母仍旧是祖辈教养的绝对主力。

另外，根据祖辈的心态，隔代教养可以分为自愿与非自愿两大类。所谓自愿，即祖父母自己选择决定要教养第三代；非自愿，即祖父母在不得已的情况下负责教养第三代。如父母死亡、离婚、未婚怀孕、经济原因（外出打工）、疾病、服刑等。

显然，对于中国来说，城市和农村的情况是不一样的。城市家庭大多是独生子女，在“四二一”典型结构（四位老人、两位父母、一位孩子）的大家庭中，越来越多的老人自愿选择教养第三代。而农村家庭，隔代教养多存在于外出打工的留守儿童家庭中，父母由于经济原因不得不远离家庭，而老人无论愿不愿意，都得照顾孩子。

再如，即便同属隔代教养家庭，祖辈和父辈对教养的参与程度也存在差异，按参与程度分，隔代教养可分为六大类：

（1）日夜均由祖辈照顾，父母很少参与，甚至不参与；

（2）主要由祖辈照顾，父母不定期回家照顾；

（3）祖辈和其他亲属或照料人（如保姆）共同照顾；

（4）白天由祖父母照顾，晚上由父母照顾；

(5) 平常由祖父母照顾，周末由父母照顾；

(6) 父母为主照顾，祖辈在需要时提供帮助。

前三类是比较狭义的隔代教养，第三代的教养责任完全由祖辈担负。这三类家庭大部分是离婚或留守家庭，也有一些家庭年轻父母完全“双脱手”，把教养责任转移，甚至完全撒手不管，这类家庭的教养方式最容易产生问题。

当代中国社会中越来越多的是后三类隔代教养形式，有专家称之为“混合教养”。前文提及的“三代同堂”就属于这种情况。混合教养由于是父母和祖辈共同参与，所以祖辈与父辈如何形成教育合力是关键。两亲家怎样才能做到“无缝衔接”?祖辈养育第三代既有其得天独厚的优势：有充裕的时间和空闲，有利于传统文化的传承等，但也有不可避免的缺陷，例如老人思想观念陈旧，接受新事物比较慢……当然，两代人之间的代沟完全可以跨越，放在今天的老人面前有一个责无旁贷的任务是终身学习，与时俱进。“开心、开明、开窍”是现代阳光老人的追求，而学习则是达到这一目标的主要路径。

可以这么说：社会的和谐，家庭的幸福，第三代健康成长都与孙辈教育紧紧相连。我们的爷爷奶奶、外公外婆在养育第三代的过程中，他们既享受着天伦之乐，在感受亲情的同时，又不可避免地感到困惑和迷茫，特别值得一提的是上海老年大学东华大学分校《孙辈教育》班的全体学员们，他们在学习过程中，以自己的成长，带动了第三代的成长，以自己的学习换来了家庭的和谐和快乐。两年来，他们学习的过程是一个共同分享交流的过程，也是以“开心、开明、开窍”为目标的一起成长的过程。用他们的话来说：希望太阳底下的老年朋友都能天天有个好心情，快乐生活每一天；与子女共同跨越“代沟”，争当现代阳光老人；不断学习，掌握孙辈教育的智慧。于是，在大家热情的鼓励下，写了这本《乐爷爷的孙子新兵法》，一是为了与老年朋友们共同交流，分享自己的感悟与体会；二是为了让自己的成长留下一点足迹。

目录

在生活中提升孩子的智商和情商

祖辈的“三大纪律、八项注意”

让“三开”阳光洒进老人心灵

建设生态的家庭环境

在“孙辈教育”中找到规矩

第❶招

三 件 法 宝

我的女儿和女婿都属牛，他们生下的小宝贝取名叫“犊犊”。今年两岁半，浓眉大眼，圆圆的脸蛋，活泼可爱，一眼看去，便是一个小男子汉。

从我升格为外公那天起，我便与犊犊形影不离，祖孙俩一起玩乐，一起欢笑，一起学习，一起成长，我成了孩子心目中的玩伴。在孩子的周围，他的爸妈和亲朋好友经常会给他买好多玩具：汽车、火车、飞机、手枪、积木、皮球、飞碟、玩偶、图书……但一个人玩没有意思，时间一长，也就玩腻了。

在犊犊的心目中，我既是他的玩伴，也是他的朋友；在犊犊的眼睛里，我不是 64 岁，也许只有 4 岁。是他，使我的童心得以重新萌发；是他，使我重新回到自己的童年。

我是犊犊手中的“画笔”

在我家的小区里，有一条弯弯的月形小湖，一潭清澈见底的湖水，里面养着各种颜色的小金鱼，有红色的、黑色的、白色的和金黄色的，也有全身都是花色的，湖中小小的生灵总会吸引不少小朋友，他们总会带来自己爱吃的饼干、面包给小金鱼喂食。

犊犊与这些小金鱼建立了深厚的感情，每天早上或傍晚总不忘拉着我的手，手里捧着饭桌上吃剩的馒头，来到小湖边，一边往水中扔食，一边与小金鱼说话："小金鱼，馒头好吃吗？晚饭吃饱了吗？你的妈妈呢？你的爸爸是谁？你们排着队去哪里？你们的家离这里有多远？你的家有多大……"虽然小金鱼只顾争先恐后抢食，谁也没有"回答"犊犊的话，但犊犊的心里却很满足，因为每一条小金鱼在犊犊眼前游过，总摇摇尾巴，吐着泡泡，这一系列的身体语言，他都能听懂，都能理解。

有一天，他郑重其事地向我提出要求：把水中的金鱼画在纸上。于是他的爸爸妈妈"奉命"买来了各种颜色的彩笔，我便成了犊犊手中的"彩笔"。于是，一条鱼、两条鱼、三条鱼、红的鱼、黄的鱼、蓝的鱼、大的鱼、小的鱼都游进了我们的家，画在白纸上，贴在白墙上，家中客厅的整块墙面上慢慢地成了海洋世界。有的鱼是我画的，有的鱼是我把着他的手画的，他喜欢看小金鱼吹泡泡。于是，他试着用自己的小手拿起彩笔，让每一条金鱼都吹起泡泡，有红泡泡、蓝泡泡、黄泡泡、各种颜色的泡泡……

随着时间的推移，我家的画墙上经常更换主题。一天雨过天晴，天空中腾起一条彩虹，弯弯的，像一座黄浦江大桥。

“快来看呀！赤橙黄绿青蓝紫……”我带着犊犊观赏着美丽的彩虹，十分钟后，彩虹消失了，但在犊犊的画墙上，彩虹却永远定格了。一个星期天，我们全家去登东方明珠，回家后，犊犊一进门便将自己全部的积木倒在地板上，垒起了心中的“东方明珠”。后来，他又用手中的彩笔，画出了三个圆圈，虽然并不是很圆，他说：“那是东方明珠的三个球……”

我给犊犊一个“生物角”

在春天的小河里，游动的小蝌蚪是“春之歌”的第一个音符。那圆圆的、黑黑的大脑袋、短尾巴，引起了犊犊的兴趣：“那是小鱼吗?”“不是。”“那是什么呢?”“青蛙的小宝宝。”“他怎么没有腿呢?”“慢慢地会长出来的。”于是《小蝌蚪找妈妈》成了犊犊每日睡前必听的故事。“一只青蛙，一张嘴，两只眼睛四条腿；两只青蛙两张嘴，四只眼睛八条腿……”成了犊犊口中经常念叨的儿歌。

大自然如此美妙，而且充满奇特的魅力。如何让孩子了解从蝌蚪到青蛙的演变过程？如何让孩子在亲近自然中了解自然，欣赏自然，热爱自然，与大自然和谐相处，读懂自然这本书呢?

于是，在我家的阳台上，专为犊犊设立的“生物角”出现了。在小小的鱼缸里养着几条小蝌蚪，天天给它喂食，几天后，小蝌蚪长出了两条后腿，又过了一段时间，小蝌蚪的四条腿长齐了，尾巴不见了……在犊犊的眼睛里，小小的金鱼缸带给孩子的是一个大千世界，那么神奇，那么有趣！

阳台上有几只小花盆，我和犊犊轻轻地扒开泥土，在里面种下几颗种子，有土豆、黄豆、扁豆、黑豆、洋葱、大蒜……他天天用小水壶给这几颗种子浇水，几天后，种子发芽了，有的绽出了一片绿绿的叶子，有的从泥土中探出了绿色的“脑袋”，有的亮出了一把绿色的“宝剑”。小小的阳台，成了孩子心目中的“植物园”，吃饭的时候，当他夹起那弯弯曲曲的豆芽，半月形的土豆片，一瓣瓣的大蒜，便会想到要去阳台看望那一排“绿色小精灵”，今天又有什么新的变化。

我给犊犊颁发“五角星”

在犊犊的心目中，能得到外公手中的“五角星”，那是一件非常光荣、自豪的事。

有一次，他得了三颗“五角星”，一颗贴在左手背上，一颗贴在右手背上，还有一颗贴在他的前额中央。为此，他对着镜子照了半天，见到谁都要炫耀一番。

对犊犊来说，吃饭是一个难题。为了培养他吃饭的好习惯，每天，我坚持用五角星激励他。我对他说：如果吃饭不用妈妈喂，自己独立把饭吃完，可以得到一颗五角星；如果饭粒不撒在桌上，不浪费饭菜，可得到第二颗五角星；如果全家第一个把饭吃完，比爸爸妈妈吃得快，比外公外婆还快，成为“第一名”可以得到第三颗“五角星”。在五角星的“召唤”下，犊犊吃饭的面貌发生了很大的变化，三颗“五角星”成了他追求的目标，三条标准也成了他生活的一条准则。

为了争取一颗五角星，犊犊心甘情愿地付出各种代价，不甘示弱去与小伙伴竞争。有时，他跌倒了，不哭；他输了，不泄气。夏天的傍晚，当太阳收起了最后的一缕余晖，在小区的中央大道，正是小朋友充分享受户外活动的最好时段。这时，我成了这里小朋友的“首领”，用我手中的足球、飞碟吸引小朋友们参与进来，让犊犊融入伙伴的集体之中。当一个飞碟升上蓝天，犊犊敢于与比他大一二岁的哥哥姐姐一起奔跑，争着第一个赶到飞碟的落脚点。当一只足球踢出去，犊犊也会像足球场上的中锋一样，所向披靡……只要他能获胜，我都会以“五角星”给予奖励。当然，他免不了会输，我当然会给他打气：“没关系，下次再努力！”

第❷招

一堂“几何课”

犊犊从小喜欢搭积木，在玩积木的过程中，一座座大桥，一幢幢高楼在他手中“拔地而起”。在搭搭拆拆的过程中，他认识了三角形、正方形、圆等几何图形，也感受到了一名“建筑师”通过创造所带来的快乐。

自从他进入幼儿园以后，他开始用自己的小手握着各种颜色的水笔，在纸上、墙上涂鸦。一天，他用笔在纸上画出了一条线；又一天，他画出了一个三角形，又不知过了多少天，他竟画出了一个不规则的圆，说得正确一点，两头有点尖，是一个椭圆，像一个鸡蛋。这是他的第一批“作品”，虽然很幼稚，却很了不起！不管是他的妈妈，还是爸爸，都会拿在手中细细地欣赏，夸奖一番。

为了鼓励犊犊更加努力，为了让全家都来关心他的成长，我郑重其事地将他的全部“杰作”贴在家中的墙上，办了一个“几何图形展”，发动邻居小朋友和我的亲朋好友都来参观。一个星期天，家里特别热闹，犊犊的妈妈、爸爸、外婆和姨婆等，都在墙前品赏着犊犊的“大作”，我便抓住这个契机，给全家上了一堂特殊的“几何课”，这堂课形式上是我主讲，但从本质上分析，是犊犊给我们上的，这是一堂“向孩子学习、与孩子一起成长”的家庭教育课。

一条直线

这是一条直线，在我们父母眼里，是一条“起跑线”，犊犊的爸妈很喜欢说这样一句话：不要让孩子输在起跑线上。为了不让孩子输在起跑线上，很多父母片面理解“早期智力开发”，无视孩子的兴趣与需求，强迫刚进幼儿园的孩子去学钢琴、学英语、学书法、学电脑、学绘画……一个星期天，从早到晚，孩子疲于奔命，最后结果是什么呢？野蛮的“早期智力开发”使孩子“累垮在起跑线上”。

其实，在人生的道路上有很多条“起跑线”，进幼儿园是“起跑线”，进小学是“起跑线”，进中学、大学也是“起跑线”，结婚成家何尝不是“起跑线”？怎样才能让孩子在人生的长跑中永不掉队？难道只要语文、数学、外语考试100分？难道仅仅让孩子在文化知识的学习上“领先一步”？

“不输在起跑线”靠什么？

首先，应该让孩子成为一个大写的人，一个身心健康的人，让孩子具有健全的人格，让孩子乐观、自信、不怕挫折、充满阳光、具有良好的生活习惯和生活自理能力。这才真正体现了家庭教育的“以人为本”，而不是“分数第一”的功利倾向。为了孩子将来的“可持续发展”而不是图眼前的一条“起跑线”，作为孩子的家长，切忌“拔苗助长”，而是应该让孩子“回归自然”，尊重孩子成长发展的自然规律。

等边三角形

这是一个等边三角形，其实，每个家庭都是一个“等边三角形”。丈夫、妻子、孩子是这个三角形的三个“角”。在家庭的“金三角”中，孩子是“顶角”，丈夫和妻子是两个“边角”。不管是顶角还是边角，三个角都是等角，都是60度，所以在家庭中的每个成员，不管大人还是小孩，男人还是女人，都是平等的，应该相互尊重，相互关爱，这是孩子健康成长的人文环境，也是孩子获得自尊自信的心理需求。

夫妻关系、母子关系、父子关系是这个三角形的三条边。它具有距离最小，感情最深，依赖程度最高的特点，是爱情、恩情、亲情的生动体现！“金三角”的三条边是夫妻之间、亲子之间沟通的“管道”，其是否顺畅，是否和谐，决定了家庭是否快乐和幸福，决定了孩子成长的环境是否安宁健康，这是家庭教育成功失败的关键所在。

为什么有的家庭难以成为孩子心理关爱的港湾？为什么有的孩子与父母沟通障碍重重？为什么很多父母面临孩子对他们的“信任危机”？为什么父母对孩子爱得越深，孩子越加叛逆？原来根子是家庭的“金三角”出现了“变形”，或是夫妻关系的“底边”失衡、倾斜，以致断裂；或是“金三角”的两腰，距离不等，成了锐角三角形、直角三角形，孩子这个顶角成了家中的“小太阳”“小霸王”。

如果我们把爷爷奶奶家、外公外婆家加在一起，就是一个三代同堂的大家庭。如果同样用三角形来表示，那便是拥有一个共同顶角的三个三角形的“共同体”。孩子是爸妈三角形的顶角，也是爷爷奶奶三角形的顶角，更是外公外婆三角形的顶角。这就是孩子特殊的家庭地位！六个大人共同关心一个孩子，固然是一件好事，但面对来自十二双眼睛的目光和期待，孩子的心理要承受多少压力呀！

一个椭圆

这是一个椭圆，好像一个“鸡蛋”。如果把孩子比做一个鸡蛋，这是一个“聪明蛋”。如果一只母鸡生了十个蛋，我想，从遗传基因分析，十个鸡蛋之间应该没有很大的差异。如果我把五个鸡蛋放入盐水浸泡，一两个星期后，鲜蛋一个个都“变”成了咸蛋。另外五个鲜蛋则放置在阳光下暴晒，几天后，鲜蛋成了臭蛋。为什么呢？同样十个鸡蛋，它们的命运会有如此不同！究其原因，差别在于外因。由此可见，不同的外因条件，不同的外部环境会给孩子成长带来截然不同的结果。

今天的家庭是孩子成长的“第一环境”。从硬件环境分析，现在孩子的家庭环境是越来越优越了，甚至有点儿“贵族化”，住房宽敞了，家用电器齐全了，上楼有了电梯，步行有了“私家车”……

但是家庭的人文环境如何呢？

有的家庭很有钱，却没有一本书，没有一点文化；有的家庭父母忙于赚钱，无暇顾及孩子的思想、情感和心理需求，没有沟通的时间与空间；有的家庭对孩子的关注除了学习就是分数，父母与孩子沟通已经到了“话不投机半句多”的地步；有的家庭教育完全被扭曲异化，父母对孩子的期望超过孩子的心理承受能力，孩子在学校中承受的压力回到家中得不到应有的释放和安抚，甚至“雪上加霜”。有孩子这样说：“我是学校、家庭两扇磨盘之间碾压的一粒麦、一把米，我已感到喘不过气来了。”

改善孩子的生态环境，让孩子的成长和发展回归到自然状态。孩子的成长需要物质，更需要精神；父母要关注孩子的结果，但更应看重孩子成长的过程；家长应该对孩子有所期望，有所要求，但更重要的是父母自己身体力行，作出表率。你要改变孩子，首先要改变自己，如果自己不学习，不与时俱进，不自我完善，最终孩子也无法改变。由此可见，孩子的成长离不开家庭环境，有什么样的家庭，就会有什么样的家庭教育。父母的言行举止是家庭的首要环境，人文环境是最重要的环境，是金钱不能替代的环境。成功的家庭教育离不开家庭的人文关怀！

孩子的成长是一个独特的生命成长过程，家庭应为这个小生命提供什么样的精神营养？孩子成长发展是一个自我建构的过程，孩子是一座人才大厦，需要家庭给他提供成长的“脚手架”，这就是家庭的文化，家庭的人文关怀。如果一个家庭没有一点文化，如果家庭是一片沙漠，没有一点人与人之间的尊重、关爱、感恩、分享、包容、共生、理解、责任、欣赏等人文元素，那么，孩子的生命就会没有阳光，没有水分，没有维生素，没有蛋白质，这是多么可悲，多么可怕！

一堂“几何课”讲完了。面对犊犊画的一条直线、一个三角形和一个椭圆原来在这里面有如此丰富的内涵！大家深有感悟。孩子是一张白纸，该在这张白纸上画什么，怎么画？这是放在孩子的父母面前一个非常严肃的问题。要画好这幅画离不开三种“基本色”：红色——父母自身的素质和行为；蓝色——夫妻关系；黄色——亲子关系。爸爸妈妈们，爷爷奶奶们，拿起三色水彩笔，试试看吧！

第3招

三步“圆舞曲”

让孩子明白感恩

这一天是犊犊 3 岁的生日。怎么给孩子过生日呢？是给他订一个巧克力蛋糕，还是去办一桌酒席？

那天，犊犊的妈妈既没有去买蛋糕，也没去饭店订包房。

一清早，她去买了一束香水百合，纯净而美丽。

犊犊妈妈说：“今天，我要带孩子去他的出生地。”“哪里？”“上海市第一妇婴保健院。”“为什么？”我不解。“去看望给孩子接生的洪医生。”这下，我明白了。

记得 3 年前的 10 月 12 日，犊犊的妈妈挺着大肚子来妇婴保健院做检查。通过 B 超检查，医生告诉犊犊的妈妈：“必须马上住院，胎儿脐带绕颈。”13 日上午，犊犊的妈妈住进了病房；14 日，进了待产室；15 日上午 9 时，在医生护士一昼夜通力合作和精心护理下，换来了婴儿第一声呱呱的啼哭，一个新生命诞生了！

犊犊的妈妈对他说：“是父母给了你生命，又是医生把你领进了这个世界，不能忘记妇婴保健院的医生。我们应该感谢他们，把这束美丽的鲜花送给他们。”犊犊似懂非懂地听着妈妈的话。跟着妈妈去妇婴保健院度过他人生的第3个生日。目送女儿和犊犊远去的身影，我心里打开一扇明亮的窗——这是人生必修课，要让孩子学会感恩。

从此以后，我把对孩子进行感恩教育融入我们生活的每个细节：当我们走在大街上，迎面看到环卫工人在清扫马路，我会对外孙说，我们应该感谢他们，由于他们的辛勤劳动，才换来整洁的马路和美丽的城市；当我们乘上公共汽车，我会对犊犊说：“谢谢驾驶员叔叔，看，叔叔把汽车开得多么平稳，多么安全!”

对孩子来说，感恩应该是父母、祖辈给孩子必须上好的一堂人生必修课。让他懂得：他降临到这个世界上，每个点滴的成长都离不开父母的养育、师长的教诲、朋友的关爱、大自然的慷慨赐予……感恩之心的培育，不是说教，而是一种生活态度、生活方式，渗透在生活的每个细节。感恩需要日常不断训练强化，不妨从以下几方面作些尝试：

（1）让孩子学会知足常乐。

一天，我去幼儿园接外孙，犊犊说：“班上的牛牛每天都是妈妈开着奥迪汽车来接他回家的，我们家为什么没有?”我对孩子说：“我们家有自行车，骑自行车既环保又可以锻炼身体。轿车对我们家来说暂时还不需要。”

（2）让孩子学会说“谢谢”。

不管我们走到哪里只要得到了别人的帮助；车上有人给你

让座；去商店超市购物；马路上向陌生人问路；学校里接受小朋友的糖果……都应主动向对方说："谢谢！"

（3）关心比你更困难的人。

比如，支持孩子积极参加幼儿园举办的为灾区的义卖和捐款活动。

（4）营造感恩的家庭环境。

不管是家里的饮食起居、接待客人还是外出购物旅游，父母自身首先有一个感恩的心态，不浮躁、不自负、不急功近利、不发牢骚。给孩子做个表率，用自己的言行去感恩父母、感恩朋友、感恩自然、感恩社会……

学会分享

一天，我接犊犊从幼儿园回家。走在路上，他突然甩开我的手，从口袋里拿出一只黏糊糊的塑料袋，里面藏着一块小饼干。他递到我手里说："这是今天幼儿园老师在午睡后发的点心，我吃了两块，留了一块给外公吃吧！"我接过犊犊的饼干，饼干虽然碎不成形了，但我拿在手里，心里十分感动。我问孩子："什么叫分享？""分享就是犊犊吃一块，外公也吃一块，大家一起吃。"这就是孩子对分享的理解。

一个星期天，犊犊带了几个同班的小朋友来家玩。孩子俨然是一个小主人，高兴地为小伙伴搬凳子、递玩具，并把自己喜欢吃的糖果分给小客人。家里大大小小的汽车、火车、飞机，有的小朋友不会玩，犊犊就和小客人们一起玩，在玩的过程中分享快乐、分享友谊、分享情感，这是一件多么令人愉快的事！

在今天独生子女的家庭里，每个孩子都是在两个大人、四个老人“聚焦”下成长起来的。住的是“独门独户”，吃的是“独食”，玩的是“独占”，电视“独看”——这就是今天家庭中“独”的文化。如果我们从小不向孩子灌输分享理念，极易在孩子身上滋生“独占”“独霸”“以自我为中心”这种不健康的心理和习惯。在我们的家庭生活中，应该倡导多种多样、丰富多彩的分享方式，比如：

(1) 每日，我们全家在一起共进晚餐，这就是一种分享，再好吃的美食也绝不让孩子一个人吃“独食”。

(2) 亲子共读一本书，一起讨论，一起交流，这也是一种分享。

(3) 听爸爸妈妈讲过去的事情，听孩子讲幼儿园里每天的收获和见闻，这也是一种分享。

(4) 全家一起去逛商店、运动和旅游，这是一种分享。

(5) 我会对孩子说，不要乱扔纸屑，整洁的环境让大家分享；深夜，我会提醒孩子：把电视机的声音调得低一点，让夜的宁静给小区的每一个人得到分享；在公园，我会对孩子说，美丽的花不能采，这里的一草一木应该让大家来分享。

懂得责任

犊犊有很多玩具，光是轿车、大客车、大吊车、卡车、警车、救护车、火车、电车、磁悬浮列车就有近百辆。每天，他在家里最感兴趣的事情就是把大大小小的车排成长队，家里的客厅俨然成了一个“停车场”。对犊犊来说，玩车是最开心的事，但每当他去幼儿园之前，或晚上睡觉之前，让他把客厅里所有的玩具整理得干干净净，有条有理，却是一件非常困难的事。“犊犊，请把玩具整理好!”家人这么一说，他常常会拔腿就跑，装作没有听到。

难道我们大人为他去“打工”？长此以往，岂非从小让孩子缺失应有的责任心？

“犊犊!”我有点火了，“你再不把玩具整理好，我就让所有汽车，通通回到玩具店去，从此再也不和你做朋友。明天你再也见不到它们了!”这句话倒是真有点灵验，他听到我这么一说，立刻放慢了脚步，回转身到客厅，把一辆辆汽车、电车、火车，对号入座放进柜子里。

责任心是孩子的立身之本，也是成长的基础。孩子长大成人的过程，是由“自然人”变为“社会人”的过程，即社会化的过程。所谓社会化，用简单的话说就是心中有他人，善于处理你我他之间的关系，其核心就是责任心。缺乏责任心的孩子难以立身于社会，而社会责任心的培养必须从小抓起，从生活的每一个细节做起。做什么是尽责任？孩子做力所能及的事情就是尽责任。不同年龄段的孩子，其责任的内涵显然有很大的不同。作为大人要从孩子的实际能力出发，给孩子以适当的“责任田”。

对于 3 岁的孩子，“责任田”是什么呢？比如：

(1) 每天爸爸妈妈下班回家，为他们拿拖鞋。

(2) 每天把自己的玩具、书籍整理好。

(3) 用餐后，把碗、筷、勺放到洗碗盆里。

(4) 从幼儿园放学回家，把书包挂到固定的地方。

随着孩子一年年长大，我们可以赋予孩子更多的责任：

(1) 给阳台上的盆花、小区中的树木浇水，给小动物喂食。

(2) 扫地、倒垃圾、擦桌子。

(3) 让孩子明白，读书、学习也是他的责任。

(4) 鼓励孩子勇敢承担责任，独立完成爸爸妈妈、老师交给的任务，并有始有终地做好每一件小事、大事。如果犯了错误，也要敢于承担责任。

第4招
“加、减、乘、除”

不可否认，孩子是从加、减、乘、除，一步一步登上文明的台阶，步入知识的宫殿。

如何使孩子从小养成良好的品德行为？年轻的爸爸妈妈们也许还没意识到，在“教”与“育”上也应该学会加、减、乘、除，哪怕是教孩子吃饭、睡觉、玩耍、走路以至言谈举止，待人接物……

加 法

如果孩子第一次把堆满一地的小汽车、小飞机、小狗熊、小手枪、积木、魔方、变形金刚、电子游戏机等，整理得井井有条，把放置玩具的抽屉整理得干干净净。

如果孩子第一次在饭前把自己的小手涂上肥皂，洗得干干净净，冲得认真仔细；他第一次把饭粒吃得干干净净，在他的桌子下不再是天女散“花”。

当然，偶然一次美的、善的行为并不难，难的是在相同情况下，得以不断重复，从“1”开始，固然可喜；“1＋1＋1＋

1……”天天复现，更为可贵，那便是“加法”效应，其答案必然是“无穷大”。

美的、善的行为在孩子身上第一次出现的时候，我们做父母的，应该像哥伦布发现新大陆那样，及时肯定，热情赞扬。那等于在孩子“1”的后面添加一个“+”号。孩子得到了父母的肯定和赞许以后，便会感受到成功的体验，逐步确立起道德的信念，从“偶然为之”到“持之以恒”，从不自觉到自觉，使之习惯成自然。我们做父母的应该学会做这样的加法，善于做这样的加法。

减　法

如果孩子不知从哪里学会了骂人、打架，粗话成了口头禅，经常会有小朋友眼泪汪汪上门来告状。

如果孩子沾染了小偷小摸的习气，在他的铅笔盒里，经常发现从别人那里顺手牵来的铅笔、橡皮……

家庭毕竟不是保险箱。社会的污染不可能不侵蚀孩子纯净的心灵。父母发现了孩子身上的隐患，当然要想方设法根除孩子身上的毛病。但期望孩子在一个早上脱胎换骨，显然是不切合实际的，一切操之过急，到头来往往是“欲速则不达”。

年轻的爸爸妈妈们，请学会做减法吧！不管孩子身上劣根多深，像愚公移山那样，天天挖山不止。采用“减法”——抑制孩子身上不道德的因素，减弱其不道德的强度，减少其犯错误的次数，是消除孩子不道德的行为的最重要步骤，是彻底根治其错误的必由之路。

善于做减法，善于发现孩子的点滴进步，哪怕是极其微小的，在他不道德的行为中减去仅仅 0.0001，都应该值得肯定，为之高兴！

乘 法

如果父母常常出言不逊，孩子必然满口粗话脏话。这个道理很简单：上梁不正下梁歪。

为什么父母整天热衷于“方城”大战，孩子对学习失去兴趣，逐步走向旷课逃学？因为父母是孩子的镜子，孩子是父母的影子。

如何才能使孩子的品德、行为、言谈最优化呢？父母的言教固然重要，但父母的身教更为重要。如果我们用算式来表示的话，那么“言教”，只是做“加法”，使孩子的品行产生代数级数的变化；而“身教”，则是乘法，其“积”将是几何级数。

孩子不仅从父母“言”中明辨是非，产生“加法”效应，更需要从父母的“行”中，受到感染的模仿，产生“乘法”效应，观于“行”重于听其“言”，对父母来说，说破嘴，不如做出样子来。

父母要学会做“乘法”，才能取得“以一当十”“事半功倍”的教育效果。父母要学会做“乘法”，就应该时时、处处想着为孩子创造一个良好的家庭环境，提供一个完美的学习楷模。

除 法

孩子身上的“老毛病”为什么到一定气候、环境中又旧病复发？旷课逃学？骂人打架？小偷小摸？原因之一，劣根没有“除”尽。

年轻的爸爸妈妈们，要学会“除”法，关键在于，对孩子不道德的行为、不良习惯，一点不能迁就，一点不能容忍，只有彻底根除，才能不留后患。如同苏霍姆林斯基所说：“对于恶习，要像对待庄稼地的野草一样，连根除掉。”

所谓“除法”，首先应除去孩子产生不道德行为的思想毒草，明辨是非，区分美丑，帮助孩子提高思想上的免疫力，时时警戒和防范不道德行为产生。

所谓“除法”，应以正确的思想、健康的活动充实其心灵和生活空间，将孩子的兴趣和精力引导到积极的轨道上来。

所谓“除法”，应彻底改变产生孩子不道德行为的环境和土壤，根除其诱发因素。只有这样，医到病除，孩子的康复，才会为期不远。

在数学范畴里，加减乘除四则运算是再简单不过的了，连孩子也能熟练掌握，对答如流。但在家教范畴里，对刚当上爸爸妈妈的年轻家长们，学会“加、减、乘、除”，并非一件易事。因为它不仅仅是数字变化，而且是教育艺术。年轻的父母们从一加一开始学习吧，家庭教育中的“加、减、乘、除”，是有大学问的。

第5招

多点“正向”传染

我家的小外孙犊犊进幼儿园了，这本来是一件值得高兴的事。但还没来得及高兴3个月，烦恼的事儿就遇上了。由于正值秋冬之交，幼儿园里同班一个小朋友感冒了，不知道是感冒的细菌还是病毒，犊犊很快被“传染”上了。先是咳嗽，接着发热，没几天，医生说，肺部出现“罗音”，被诊断为“肺炎”了。

感冒是要传染的

犊犊的咳嗽，很快成了我们全家的“感冒病毒”的“传播源”，犊犊和他的爸妈同睡在一个房间，没几天，犊犊的妈妈感冒了，接着，犊犊的爸也开始咳嗽了，个个都流鼻涕，咳嗽，全身畏寒……这时，我开始意识到感冒病毒的凶猛，根据邻居介绍，开始用米醋烧开，在家里各个房间里烟熏杀菌，希望把感冒细菌通通杀死，然而，感冒的事态并没因此而平息，一个星期后，我也感冒了，犊犊的外婆也感冒了，全家五口，咳嗽声此起彼落，谁也没有逃过这场“劫难”。整整一个月，全家上下，都被感冒细菌笼罩着，不是我“传染”给你，就是他“传染”给我。我第一次体会到“传染”这两个字的恐怖。

从感冒到“肺炎”，犊犊这次真的病得不轻呀！他欢快的笑声没有了，念念有字的歌声没有了，整天躺在床上不是“挂针”，就是吃药，再也听不到他叫我外公甜甜的声音了。

情绪也会“传染”

有一天晚上，犊犊妈妈逼着犊犊喝中药，犊犊捂着嘴巴，就是不喝。他一边哭，一边说：“妈妈，我怕苦……”就是这样，一直僵持了整整一个小时。他的哭声钻到我的耳朵，疼在我的心里，我真想说：“别喝了！别喝了！”但我不能说，因为他病了，不喝他的病不能痊愈，我又不能替代他吃“苦”，每个人的人生，都有酸甜苦辣，一味也不能少。这段日子，家里的气氛很沉重，每个人的心情很焦虑，孩子的身体什么时候才能康复？可以这么说，我们四个大人，不仅在肌体上被感冒细菌“传染”了，而且在心理上被孩子的情绪“传染”上了。

犊犊渐渐地退烧了，咳嗽声停了，他的胃口开了，脸上露出了微笑，开口对妈妈说：“我肚子饿了，我要吃饭！”快乐又回到了孩子的身边，消失了很久的笑声又回来了，愁眉苦脸的犊犊又成了家中的“开心果”，孩子开心了，妈妈最开心！爸爸也开心了，外婆当然更开心，我这个外公更甭说了！一句话，孩子快乐的情绪又把我们给“传染”了。

从此以后，犊犊每天从幼儿园放学回家，我第一句话会问他“今天在幼儿园开心不开心?”我希望他今天过得很快活很开心，因为他开心，我也很开心，因为情绪是会相互“传染”的。每天晚上七点钟，犊犊的爸爸妈妈下班了，这个时候，是全家最热闹的时候，也是大家最开心的时候，因为一天下来，大家都从各自的岗位上带来了各种信息，各种快乐，餐桌成了共同分享快乐与幸福的平台，每个人都在放飞着自己的心情，快乐在相互“传染”着，一个人的快乐，很快成了每个人的快乐。

学习也可以相互“传染”

犊犊的爸爸爱读书，每天晚上在灯下读书，念英语经常到深夜。有一天，犊犊掰着手指向我走来，口中念叨着什么，再仔细一听，原来他是在用英语数 1、2、3、4、5、6、7、8、9……我心中一愣，孩子什么时候开始会用英语数数了?一定是被他爸爸的学习给“传染”上了。

每天晚饭后，我习惯翻开当天的《文汇报》，一页一页地看着，这时，外孙犊犊会凑过来，在每一版面的“字里行间”里寻找几个他所认识的方块字：“外公，这两个字是上海!”“这是‘大’字!”从第一版到第八版，他竟然能读出十多个字！我想：在一个家庭里，其实，学习也会相互“传染”的，爸爸妈妈爱学习，孩子也会爱学习。如果学习也算是一种“细菌”的话，这对人体绝对是有益的，对孩子成长来说，也是一种营养剂。

“正向传染”与“反向传染”

其实，父母对孩子的“传染”既有正向的，也有反向的。

有一段时间，犊犊喜欢睡懒觉了，已经七点多了，太阳升得很高，犊犊实际早已醒了，睁着眼睛在被窝里，就是赖着不肯起床。如果去幼儿园上学，他总是最后一个到校。我追根寻源，顺藤摸瓜，其实，睡懒觉不是犊犊“创造”的，是被他的爸爸“传染”的。因为他的爸爸本来就是一只“夜猫子”，每天晚饭后，看书上网，读英语，不到零点不上床，很自然，每天早上睡懒觉便是天经地义的事了。

有一天，犊犊在阳台上玩开火车，突然他把一辆火车从阳台上扔下去了，接着把一块积木扔下去了，又抓起一张大白纸，三下两下撕成碎片，从阳台上撒下去了，一边雀跃，一边高喊：“下雪了！下雪了！”我见状很生气，严肃地批评小家伙：“怎么可以把东西扔下去，多危险！乱扔废纸，把绿地弄脏了！”谁知，犊犊不仅不认错，反而理直气壮强词夺理：“阿姨在扫地时，也把脏东西扔下去的！”一切明白了，孩子身上的一举一动，都是从大人身上“传染”过来的，如果大人的行为是正向的，传染到孩子身上也是正向的；如果大人的行为是反向的，传染到孩子身上，必定是反向的。

为了使孩子不被“反向传染”，好比一条清澈见底的小河，不受污染，我们每个大人，不管是爸爸妈妈、爷爷奶奶还是外公外婆都应该时刻检点自己的行为，审视自己的形象，警惕不懂事的孩子被自己“反向传染”，为了孩子健康成长，必须自我完善，自我改变：

——检查一下我们的嘴，是否随地吐痰？或出言不逊或粗话满口？

——检查一下我们的手，是否乱抛纸屑？随倒垃圾？

——检查一下我们的脚，是否走在马路上不走横道线？乱闯红绿灯？

——检查我们的衣食住行，是否还有不良的习惯和有害健康的嗜好？

可以这么说，孩子的眼睛是“摄像机”，孩子的耳朵是“录音机”，家庭中的“传染”是每时每刻在不经意中进行的。孩子的眼睛和耳朵正是家庭中“传染”的重要管道。在家庭中，大人的一举一动，孩子都看在眼里、记在心里，但千万要注意，当心自己成了孩子的“污染源”，不要把自己身上某些不良习惯“传染”给自己的下一代。

我们作为孩子的祖辈“盘点”一下孩子走过来的成长轨迹，我们也许会意外发现：在孩子身上，不知从什么时候开始竟然已被“传染”上某些不良的生活习惯和学习习惯。

怎么办？从源头入手。

有两句话发人深省：“问题在孩子，根源在家庭，危害在社会。”另一句话：“要改变孩子，先改变自己，不改变自己，最终也无法改变孩子。”因为孩子身上许多不良习惯一般都是家庭环境“反向传染”的结果。当我们在和邻居“说三道四”

“搬弄是非”的时候；当我们夫妻之间在相互攻击、大打出手的时候；当我们沉湎于麻将、扑克，以赌博为生财之道的时候；当我们将电视机开得震天响，打破黑夜的宁静，扰得邻居夜不能寐的时候；千万要提醒自己：当心传染给孩子，自己别成了“反向传染源”！

第6招

玩 出 名 堂

如果说，植物的生长需要阳光、雨露，那么孩子的成长需要什么呢？需要知识，需要营养，也需要玩。玩是孩子的一种权利，如同每个孩子都有生存的权利、受教育的权利一样。如果孩子被剥夺了玩的权利，他的生活就失去了童趣，他的人格就受到了伤害。然而父母却常常把孩子的玩与学习对立起来，认为玩会影响学习，玩物必然丧志，其实不然。

玩是孩子的天性，玩是孩子生活的重要组成部分。在玩中，可以学到许多书本上学不到的东西，可以发现孩子智慧的萌芽，家长从中培养孩子的兴趣，开发孩子的潜能。所以只要孩子玩得得法，玩物不仅仅不会丧志，而且会“玩物长智”，这是现代家庭教育的新观念。

我曾经读过一篇家长写的文章，题目是“玩出来的留美博士”。

他说：“我儿子周峰13岁考入中国科大少年班，20岁就赴美国攻读博士学位。人们总以为他怎么下工夫苦读哩。其实根本不是那么回事，周峰是边玩儿边读，快乐得很，他这个留美博士生，在很大程度上是‘玩’出来的。孩子在玩的时候，敏锐度最高，对知识特别容易接受，因而有事半功倍之效。有一次家中做家具，周峰爬进大衣橱，关好衣橱，里面一片漆黑，只有橱门上的一个小孔透着亮光，他从小孔向外一看，发现外面所有的人都是头足倒立，顿时像哥伦布发现新大陆一般，拉了许多小朋友来看，我告诉他这是'小孔成像'的道理。周峰好奇极了，对物理产生了兴趣，结果上了中学以后，他的物理学得特别出色。"

由此可见，只要玩得得法，玩可以激发孩子的求知欲，玩可以开拓孩子知识面，玩可以培养孩子的兴趣爱好。

玩是孩子学会交往，走向社会的第一步。群体性是孩子玩的魅力所在。通过与伙伴交往，孩子之间也便学会合群、谦让、交流和学习。在玩中学会了合作，学会了竞争，即使发生了矛盾，让他们自己处理解决，也便锻炼了他们的能力。

现在的孩子不缺吃、不缺穿，最大的遗憾是想玩不能玩，要玩不会玩。有不少家长在自己的童年时代是玩着过来的，如今一旦成了父母，竟把"玩"与孩子"学习"对立起来，认为"玩"会弄脏衣服，"玩"会影响学习，"玩"会影响什么，总之，孩子从他背上书包那天起，玩就与他无缘。

俗话说：男人的一半属于女人。我认为，父母的一半属于孩子，即使再忙也不能忘了孩子，欠了孩子的情要补偿，补的最好办法，就是和孩子一起玩。这方面的典范当推马克思。

马克思是无产阶级导师，尽管他每日笔耕不辍，处于百忙之中，可他了解孩子，也乐意与孩子在一起玩。他说："星期天是属于孩子的。”他自己也属于孩子们的。他用真挚的情感为孩子们朗读但丁的《神曲》和莎士比亚的剧本，率领孩子们游动物园、植物园，观察珍禽异兽，追逐美丽的蝴蝶，采摘芬芳的野花……在伦敦西北部有一座丘陵，马克思和孩子们时常远足来这里，时而奔跑，时而捉迷藏，一串脚步声，一串嬉笑声……小女儿艾琳娜回忆说：“摩尔（孩子们对马克思的昵称）是我们最理想的朋友和最可爱的同伴。”

为了让孩子玩出名堂来，家长应该指导孩子玩，培养孩子玩的习惯，启发孩子领悟玩的价值，引导孩子开拓玩的新领域。譬如说，年幼的家长，孩子应该和他一起玩，随着孩子独立意识的增强，家长应创造条件，引导他们和小伙伴一起玩，在玩中发展孩子的交往能力，逐步克服对家长的依赖。

当前，孩子玩的内容有贵族化、单一化的趋向，我们可以和孩子共同设计双休日的生活内容，带孩子去爬山、钓鱼、远足、打球，去感受多彩的生活情趣。在玩中开拓孩子的视野，在玩中，让孩子接触各种新事物，从中培养孩子的兴趣和爱好。

当然，玩也有个“度”，从经济的投入到时间的花费总得有个分寸。由于孩子尚未成年，自控能力毕竟有限，家长要指导他们，以避免良好的愿望带来消极的结果。

第7招

吃出规矩

“一日三餐”中的家庭教育

吃是孩子的本能，不同的孩子有不同的“吃相”。有的孩子吃相令人作呕：一人趴在桌上，目中无人，用筷子把盆里的食物“翻江倒海”，一边嚼着“美味佳肴”，一边“高谈阔论”，唾沫横飞。使周围与他一起用餐的人食欲大减；有的孩子见到自己喜欢吃的，不顾他人，独霸、独吞、独占、独享……父母见怪不怪，习以为常。

其实，每个孩子从他在餐桌上的“吃相”，就可看到他背后家庭的文化、教养和每个人的修养品位，当然这不是即兴“表演”，而是家庭长期熏陶的结果。今天，作为孩子的父母，考虑得比较多的也许是如何给孩子增加营养，让孩子吃得好一点，吃得多一点，却很少考虑餐桌上的家庭教育：吃什么？怎样吃？如何科学地吃？如何文明地吃？在吃的过程中，培养孩子良好的习惯，常怀感恩之心，树立家庭责任心。

餐桌上，培养孩子的感恩之心

在学校食堂，经常会看到学生将整碗白米饭洒在地上，弃之泔脚，却毫无珍惜之心。每个学生都读过这样的诗句：锄禾日当午，汗滴禾下土。谁知盘中餐，粒粒皆辛苦。作为父母如何从小培养孩子的感恩之心？其实，餐桌是最好的课堂。

我们想一想：一顿餐食，天地化育，农人耕作，父母养家，辛苦调理，多少人的辛劳在其中，我们要感恩自然大地，赐予我们丰硕的食物，我们要感恩父母，由于他们的关爱，给予每日合理的饮食，以维护我们的生命，得以健康成长，充满活力，具有强健的体魄。

重视对孩子感恩教育的父母是绝对不会放弃餐桌上这一家庭教育的平台，生活是一本最好的教科书。学习生活化，生活学习化。常怀感恩之心的孩子会珍惜每一粒饭，每一叶菜；常怀感恩之心的孩子，会知足常乐，珍惜今日生活来之不易。感恩之心是一切道德的起源，“常怀感恩之心”应从生活中每一件小事起步，从节约每一粒粮食做起。

餐桌上，培养孩子的文明“吃相”

在家中，与父母共同进餐；在社会，与朋友同学一起聚餐；如果能养成一个文明、儒雅的用餐习惯，这是保证孩子将来在社会规范上的适应，人际互动上的和谐，以及各种条件下事业成功的重要前提。如果从小能养成文明的用餐习惯，对孩子来说，是父母留给孩子最有价值的无形资产，这种资产是永恒的、无限的。超越万贯家财，是无法用金钱来衡量的。

孩子在餐桌上要养成哪些好习惯呢？

（1）用餐前，家人各就各位，全家人坐定后，方可动筷；

（2）学习筷子的正确拿法，并养成习惯；

（3）用餐过程中，随时保持桌面的整洁；

（4）用餐时，细嚼慢咽，餐食在口不说话；吃东西、喝汤不出声；

（5）不翻捡盘中食物，有些菜食使用公筷、母匙；筷子上沾有食物时不夹菜；

（6）用餐过程中交谈要轻声；

（7）单手不可同时拿两种餐具；

（8）不可挥动餐具指人；

（9）三餐定时、定量、不偏食、不暴食，珍惜食物不浪费；

（10）退席时要将残渣收拾在自己的碗内，座椅放正，向同桌告退时说："慢用。"

在用餐过程中的每一个细小动作，都反映了每个人的教养。每个人的"吃相"，不是个人私事，在社交场合，与朋友一起吃饭，"吃相"便成了社交礼仪。文明的"吃相"应从小培养，父母自己首先应为孩子作出榜样。

餐桌上，让孩子学会分享承担责任

有一位中学生曾经写了一篇作文，她的题目是："妈妈喜欢吃鱼头”。在他们家，只要餐桌上有鱼，妈妈吃鱼头，爸爸吃尾巴，中段理所当然属于孩子的。在这样的家庭里，由于过分凸显了独生子女的“独”字，助长了孩子的独食、独霸、独享的家风，长此以往，家庭中会形成一种父母与孩子不平等的文化；在餐桌上，孩子“以我为中心”，家庭中在物质上难以实现家人之间的共同分享，在精神上便无法获得共同分享的快乐。

餐桌上的分享何止是物质上的分享，更为重要的还应倡导餐桌上的精神分享、文化分享、学习成果分享，具体表现在：晚餐时，家人团聚，互相关怀一天的生活；谈论交流生活中的趣事，营造餐桌上和谐宽松的氛围；交流一日来各自获得的信息，所见所闻，所感所悟。

有很多家庭把每天一小时的晚餐时间称之为“晚餐论坛”，成为亲子之间共同交流，相互学习，共同分享的平台。但也有个别家庭，每日晚餐，父母口中嚼着饭菜，手把着饭碗，便开始对孩子“三堂会审”：“今天语文考几分了?”“数学为啥考这么差?”“班主任老师又来电话告状了!”随着父母对孩子步步“逼供”，孩子极力反抗自卫，餐桌上空顿时雷电交加，乌云密布……这样的晚餐对孩子的“身”与“心”有百弊而无一利。

作为家庭中的每一成员，都是家庭的主人，不管是大人还是小孩，既可分享家庭中的成果、快乐，又应承担家庭中的责任和义务。今天的晚餐，不管是爸烧的饭，还是妈炒的菜，作为子女要学会欣赏、夸奖和激励，而不是一味指责和挑剔：嫌爸烧的饭不是硬就是烂；嫌妈烧的菜不是咸就是淡。吃完饭，让子女承担一点洗碗扫地的任务，可能不是无关紧要的小事，而是从小培养孩子家庭责任心的重要途径。

今天的家庭，餐桌上究竟吃些什么？似乎已经差异不大。只要饮食结构合理，完全可以满足孩子身体发育的需求。真正的差异在于家庭里餐桌上的氛围，不同的家庭反映出不同家庭的餐桌文化。餐桌文化对孩子的成长，如同精神上的维生素。没有精神的维生素是培养不出高素养的孩子。这就好比我们经常会看到这样的学生：他们每门功课都很优秀，他们已跨进了高等学府的大门，他们的身材已长到一米八十，但他们不会吃饭，不会过马路，不能融入社会，他们是时代的畸形儿，这是谁的责任？是学校？是家庭？是老师？是父母？

餐桌上，亲子交流的学问

每天晚上，一家人团团围坐在餐桌前，一边用餐，一边说话，正是一天中亲子之间分享天伦之乐的美好时光。但不少父母都抓住吃饭的半个小时，不是板着脸了解孩子在校表现、考试成绩；就是唠唠叨叨对孩子训话，引起孩子的反感。

其实，每一个人都有一张嘴，嘴巴有两个功能：一是吃饭，二是说话。吃饭人人都会，但说话并非是一件容易事。说什么话？怎么说？说得不好，餐桌的气氛就会变得紧张而带有火药味。说得好即为沟通，交流分享，既可密切亲子关系，又可提高孩子交流表达能力。

因此，每个人都应该学习，在学习中提升自己的说话水平。首先对孩子要多说鼓励的话，关爱的话，赞美的话，宽容的话，诚恳的话，幽默的话，智慧的话；少说、不说粗鲁的话，虚伪的话，鄙俗的话，侮辱的话，诽谤的话，愚昧的话。其次是用“爱心”说话——平等、尊重、豁达、开朗、宽厚、诚恳，多用讨论式，少用命令式。倾听是最佳策略，不轻易下结论，不急于批评。

如果我们关注孩子的进步和优点，就会发现孩子身上的亮点，培养其自信和自尊，调动其上进的积极性。在与孩子交流中，多使用正向语言：

——“好极了！”“你做得很好！”（表扬称赞）

——“放学了，累不累？”（问候）

——“谢谢你，把我的饭也盛好了。”（感谢）

——“我真喜欢你！”（表达爱意）

——“我们一起商量一下，怎么办？”（征询）

第8招

读出新意

有人说：家庭就像一杯冲淡了的茶：天天柴米油盐，天天吃饭睡觉，真是越喝越没有味儿。如何给家庭生活输入新的空气，让家庭生活这杯“茶”注入新的滋味、新的感觉、新的体验、新的思维？利用双休日或者黄金周长假，不妨让学习走进你的家庭，这就等于在茶杯里掺入奶茶，拌入果汁，给家人一股清香，让每个人都振奋精神。

用眼睛阅读

读书对家庭每个人来说，是一种享受。每天晚饭后，全家坐在灯下，每人手捧着自己喜欢的一本书。不管是文化艺术，还是科技新知；是投资理财，还是卫生保健……阅读，如同与知识老人面对面对话，阅读就像乘着作者的翅膀一块儿飞翔，欣赏从来没有看到过的风景，体验从未有过的自由。一本好书，可以在瞬间睁开我们的眼睛，让整个世界都亮起来。

让我们来看看这家人是如何将“每天晚上半小时”阅读进行到底的：

我记得女儿刚上小学时，我们家每天晚上都要进行半小时晚读，所以，每天晚上 8 点 30 分，女儿都会一本正经地指着挂钟，催促正在津津有味地看着电视连续剧的我们。

大人说话一定要算数，这可关系到女儿良好学习习惯的培养，稍懂一点教育常识的我自然不敢因小失大，不管是体育比赛，还是电视连续剧，通通都要靠边站。

一向临睡前爱看书的我照例看起了书。那天，女儿做完作业后，提出也要看书，于是，我随手拿了一本《十万个为什么》给她。女儿居然拿着书看得有滋有味。第二天，女儿的姨妈、姨父来做客，到了晚上 8 点 30 分，我们谈兴正浓时，女儿提出要睡觉了，还乐颠颠地拿着《十万个为什么》进了小房间，说睡觉前要看书。她的姨父吃了一惊。过了一会儿，我们悄悄地走过去偷看，只见小家伙真的又在一本正经地看书了。她姨父见此直夸我们重视孩子良好学习习惯的培养，决定对外甥女也要试一试。

我和妻子听了，你看我，我看你，真有点儿受宠若惊了。女儿的姨妈、姨父走后，我郑重其事地对妻子说：“以后一到晚上 8 点 30 分，关掉电视机，你看你的报纸，我看我的专业书，让孩子也看书。”从此，这成为我家雷打不动的“制度”了。女儿读完了近 10 本书，认识了许许多多新事物，同时也发展了语言表达能力、观察能力和思维能力。

用耳朵阅读

如果在颠簸的行车途中，在做家务时，当眼睛疲劳想休息时，那时你可以闭上眼睛，让耳朵帮助你阅读，录音带、CD盘便是阅读的“书”。有的有声书还配上优美的音乐，让你有时间回味或消化刚刚听到的内容，如果大人和孩子在一起“阅听”，一边聆听着故事中的人物对话和情节发展，一边还可和孩子交流各自的体会和心得。在全家共进晚餐时，不妨打开收音机，一边欣赏世界名曲，一边品尝丰盛的菜肴，还可以增进食欲，营造家庭温馨的氛围。

让我们来看看这个用心的妈妈是如何培养孩子“有声阅读”的：

平时，我给儿子购买了许多“声情并茂”的磁带。每晚临睡前的半小时，那是我们母子俩沉醉于故事天地的时候。我们会共同为故事中的情节或悲、或喜、或乐、或泣。当然，儿子喜欢听故事，最重要的原因是他有一股乐于接受挑战的心理。在听故事的过程中我常常出其不意地设计一些小题目去“为难”他，而听得专注的孩子每一次都没被我的题目所难倒。

记得有一次，我给他讲了一个布娃娃的故事。在我描述完布娃娃的模样之后，马上打住，迅速反问孩子，“曾曾，你说布娃娃的脸蛋红红的像什么呀?”——“苹果!”“眼睛黑黑的又像什么呀?”——“葡萄!”“那嘴巴小小的又像什么呢?”——“樱桃!”哈哈，用心倾听的孩子对答如流，真是棒极了。

有时候，我会突发雅兴，在一个故事之后，和孩子玩角色游戏。那次，儿子被一个“小野兔和小雪人”的故事深深感动，于是我趁热打铁说：“曾曾，让我们来玩角色游戏吧，我们一块儿来复述这个故事，由你来做小雪人，我来做小野兔，好吗？”“好的！”儿子二话不说，兴致勃勃地一口答应……

用双脚阅读

每逢星期天，一家三口可以迈开双腿，去书城购书，但面对书的海洋，又如何指导孩子选择自己读的书呢？

要像选择朋友一样，让孩子谨慎地去选择书。但是，有的父母不管青红皂白，不管孩子的兴趣爱好，除了帮孩子选购语、数、外参考书，就是“一课一练”“考题精选”等。在父母们眼里除了课堂里学的，其他都是闲书。也有的父母对孩子的阅读，不闻不问，放任自流。

其实，当你和孩子一起在书店买书时，必须思考：买这本书是出于赶时尚流行，还是为了解决问题。只有经过认真思考后，才能作出选择，才能学会选择值得看的书。

如我们全家利用国庆长假，外出旅游，领略祖国美丽山水，欣赏城市建设的日新月异，投入大自然的怀抱，感悟社会的多姿多彩，这无疑也是一种阅读，用双腿去体验的阅读，也可以被称为是一种立体的阅读。

让我们来看看这一家三口是如何用双腿去体验阅读的。

时逢秋日，我们一家准备出游——看看发展中的虹桥。

孩子穿着红外套，骑着蓝白相间的自行车在阳光的照耀下，煞是精神。我们一家三口骑着车沿着虹桥路向东行，穿过虹中路，路过虹梅路，突然一条新路映入眼帘。“妈妈，这是一条新路，我们去看看！”面对孩子的好奇心，我欣然同意。我们一个左转，径直向里，才恍然大悟：原来所谓的清溪路是虹梅路的延伸段，两边都是高高的围墙，树丫上光秃秃的，来往车辆寥寥无几。“看来这条路刚被开通。”孩子一边说一边摇着脑袋，他的推断能力真是突飞猛进。

我开始庆幸自己带孩子外出活动，胜过在家做十道题。猛一回头我发现身旁一处墙角的裂缝里有一丛小草挤出来，给那冷冰冰的一面墙带来了一丝生机。我不失时机地告诉孩子，只要有钻劲，柔软脆弱的小草也能钻出坚硬的墙壁，得到一片新天地。孩子惊喜地睁大眼睛，然后像模像样地摇头吟诵“满园春色关不住，一枝红杏出墙来”。“用得好！”我连忙对孩子的学以致用给予肯定。

回到家，孩子便翻箱倒柜地找地图，仔细看了起来。忽然，他大叫：“我找到了，找到了……”我闻声而去，孩子一边在地图上画着我们走过的路线，一边嘀咕着：“妈妈，其实这条路线还有两个地方我们没有路过……”我连忙趁热打铁：“孩子，其实我们还有许多地方没有去过。”“哪些地方？”孩子追问着。“你可以查查地图，还可以通过网络，了解一下我们城市建设的进程。”

于是，我们的每一个双休日都被孩子的出游计划定得满满的。现在的目的地、行程路线已是由孩子来制定。我们的家庭生活更加充实了，孩子很快乐，性格开朗了，能力提高了，不再为作文无话可说而烦恼。

用嘴巴阅读

每个人都有一张嘴巴，嘴巴有两个功能：一个是吃饭，另一个是“讲话”“念书”。第一个功能，每个人一日三餐都在实践中训练，可以这么说，没有一个人是不会吃饭的，而“讲话”“念书”这一功能并不是每个人从小都实践和训练的。

其实阅读，不仅要用眼睛，更需要嘴巴，大声朗读课文，绘声绘色地讲故事，与不同的人进行沟通，交流分享，都离不开嘴巴的阅读。

下面这位妈妈又是如何用嘴巴进行阅读的呢？让我们看一看吧。

给孩子讲故事或者念童话书，几乎是每位年轻父母的育儿必修课，而在我们这个家庭，给孩子讲故事、听孩子讲故事、和孩子一起学讲故事，让我们家长在融洽温馨的气氛中成为孩子可以依赖的大朋友。

我们的女儿听故事的历史是从坐在婴儿车里的时候开始的，她可谓是一名“老资格”的故事迷了。不过，从爱听故事到爱讲故事可不是一个简单的过程，这需要家长非常耐心的引导，需要家长和孩子在成长过程中一起学习。

在最初阶段，我们讲完故事后就提一些简单的问题让孩子回答，并逐步提高问题的难度，当孩子可以较好地复述故事中的关键情节时，就尝试让她完整地讲述整个故事。我们家长和孩子一起阅读童话、观看卡通片的时候，注意研究优秀的幼儿故事为什么孩子爱听、易记、易懂，探寻其中的规律，并将这些规律应用于我们所讲的故事。我们买了“怎样学会讲故事”的VCD，和孩子一起兴致勃勃地观看，女儿从其他“故事高手”身上受到了很大启发，她渐渐懂得了讲故事要声情并茂、抑扬顿挫等。

随着时间的推移，女儿已经能绘声绘色讲述许多古今中外的著名幼儿故事。讲故事为孩子认识这个缤纷的世界打开了另一扇窗，而我们亲子交流的内容也因此变得生动有趣、丰富多彩。

学习总是从模仿开始的，当孩子会成功地复述一个故事的时候，我们又鼓励她自己编故事、自己创作故事。当然父母首先要给她做好示范、做好榜样。爸爸下班回到家，不管多累，都要为她编一个好听的童话故事，而妈妈则把发生在生活中的趣事编成故事讲给她听。

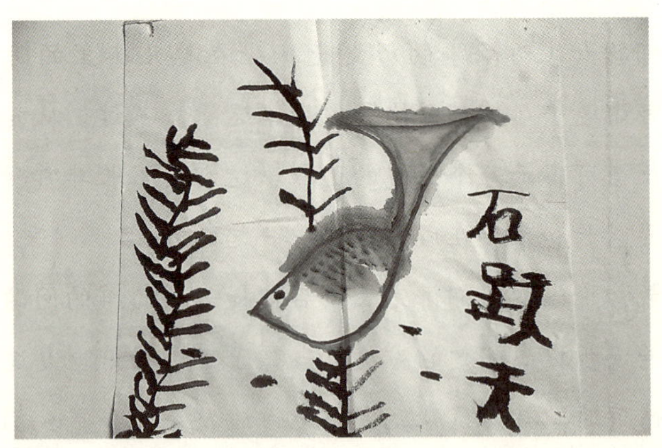

第9招

快乐阅读

其实，家庭生活是充满乐趣的。我们不曾见过严肃的树木、严肃的花朵或严肃的小鸟，但到处可见严肃的父母，他们喜欢面对孩子板着面孔教训人，似乎做父母的必须“一本正经”，必须“居高临下”，孩子只能“长耳朵不长嘴”，家庭教育的过程成了严肃得让孩子惧怕的过程。孩子只有“受训”的权利，没有与父母共同交流分享的自由。

如果父母在家庭中创设一种轻松幽默的氛围，可以改善亲子沟通，拉近家人之间的心理距离，让孩子感受到学习的真正乐趣，增强教育效果，激励孩子在学习上获得成功。罗杰斯曾说：“学习是生命中一项很基本的愉悦，教育者的角色是让学习流畅进行。”

孩子的学习是从玩开始的，他们喜欢与伙伴玩，与小动物玩，与玩具玩，更喜欢与父母一起玩。在玩的过程中，孩子可以学到许多知识，学会合群与交往，感悟生活的乐趣……

作为父母，不仅要允许孩子玩，指导孩子玩，而且自己要和孩子一起玩，玩出水平来。同样是教孩子学会从“1”数到

“100”，有的家长以教育者自居，让孩子死记硬背；有的家长却放下自己的身段，成为孩子的朋友，与孩子一起进行“抓豆子”比赛；1、2、3、4、5、6……看谁抓得多？孩子在玩的过程中，在充满乐趣的游戏中学会了数数。

孩子的学习是从声音开始的，如果父母每天都有共同的时间，把孩子抱在膝盖上大声地给孩子念童话故事，念儿歌，这对孩子的语言学习将有神奇的效果。这不仅可以发展孩子的语言表达能力，增加词汇量，帮助孩子养成读书思考的好习惯，而且给孩子打开了另一扇窗，让孩子发现另一片蓝天，进入一个崭新的世界。

曾经有两项以美国 3 959 名高中生为样本的大型研究，第一项研究是幼儿园阅读跟踪研究，追踪幼儿园阅读教学长期效果；第二项研究是阅读发展跟踪研究。结果显示：学生在整个发展时期获得这些课程外的经验越丰富，将有越高的阅读水准。学前早期的语言学习经验对于进入成年后识字能力的养成尤为重要。父母参与孩子的学习活动越多，比如一起看电视，一起阅读书刊杂志（但看电视不能代替阅读），一起上图书馆，越有助于孩子在学校的阅读学习。

听、说、读、写是语言学习的四大支柱，亲子共读时可以一起大声念出声音来。通过朗读，父母作为一种媒介，拉近孩子与书本的距离，并具有一种榜样的作用。有时候，孩子对书本的情节或故事有兴趣，可是文字或语法却有障碍，似懂非懂，此时父母稍加点拨引导，有突破“瓶颈”的效果，可极大提高孩子的阅读能力和兴趣。

孩子的学习是从参与开始的。孩子是家庭的主人，参与家庭生活是孩子的一种权利。如果家里来了客人，让孩子一起来接待客人，让孩子给客人端茶，让孩子一起走进大人的世界；如果家里讨论与孩子有关的问题，应允许孩子发表自己的主张和看法，形成民主的相互尊重的家庭氛围。因为很多知识并不是光靠书本可以学到的，书本知识只能回答“这是什么”“这是为什么”的问题，而大量的“怎么做”“怎么办”的问题，只有在参与中、在实践中才能让孩子感悟和体验，这种生活经验的学习是其他人不能包办和替代的。

如果孩子喜欢涂鸦，这是他的自由，不妨把他的作品收集起来，办一个小小的展览，让邻居的小伙伴来参观、来当评委，让孩子感受成功的喜悦。如果孩子把红太阳画成绿太阳，把西瓜画成立方体，那不是孩子的“无知”，更不是孩子的“胡来”，那是孩子的一种创造火花，更是孩子丰富想象的萌芽。

孩子是家庭中快乐的天使。孩子从呱呱落地开始，便给家庭、给父母带来无穷乐趣。在孩子面前，做父母的既是教育者，又是学习者，而且是同一天同一时辰产生的。欣赏孩子会给我们带来乐趣，给孩子创造学习的乐趣是父母的应有责任。

第10招

三个“轮子”一起转

4月23日，天空特别蓝，太阳也特别红，在东华大学校园绿茵茵的大草坪上，《孙辈教育》班全体学员带领着自己的第三代小宝宝，在这里举办了一场别开生面的“亲子活动”。当然，作为“教官”，我也把自己的小外孙犊犊一起带去了。

孩子为什么不会拍皮球、跳绳

那天早上9点，学员们和他们的小宝宝，在草坪上围坐成一个圈圈，按照各个年龄段，举行了一次“视、听、动”的比赛。参加比赛的都是3～6岁的小朋友，邀请了上海儿童发展中心的陈主任到场担任评委。

第一板块：给每个小朋友发一张白纸、一支铅笔，要求每个人在纸上画一条直线、一个圆、一个三角形、一个正方形。

比赛结果：能够完成得较好的只有一位小朋友。我的外孙，连笔都不会握，在纸上只画了几条歪歪扭扭的曲线。

第二板块：念儿歌。

这下场面可热闹了，小朋友个个摩拳擦掌，跃跃欲试。第一个小朋友一口气竟把《三字经》背得滚瓜烂熟。有个小朋友念唐诗："床前明月光，疑是地上霜……"有个小朋友表演儿歌："一只小花狗，坐在家门口，眼睛乌溜溜，想吃肉骨头。"几乎每个小朋友都能露上一手。

第三板块：拍皮球，跳绳。

当小朋友拿到皮球后，虽然个个都很喜欢，但每人最多也只能连续拍十下，十五下。当跳绳比赛开始时，每个小朋友望着手中这一根根绳子愣住了。说实话，没有一个孩子在家里玩过这个玩意儿。

"动"拖了"视"与"听"的后腿

比赛完了，虽然没有给小朋友发奖品，但陈主任对每个小朋友做了点评。她的点评给学员们上了生动的一课。她说：孩子来到这个世界，如何辨识生活中各种物体？如何了解五彩缤纷的大千世界？答案是首先通过他的眼睛。它好比是一台摄像机，把日常看到的事物储存在"录像带"里面，这就是"视"。其次，通过孩子的耳朵，它好比一台录音机，模仿父母说话，不断积累丰富词汇，表达自己的思想，这就是"听"。除了"视""听"以外，还有一条途径，那就是"动"。通过手的动作、腿部运动，才能提升身体的平衡能力、方向感、协调能力、韵律感、速度感……可以这么说：孩子身处的世界就是他探索的乐园，透过视觉、听觉、动作，探索事物的奥秘，他们的知识与智慧才能生根。

在我们的学员中，有一位张奶奶，她的小孙子现已是小学二年级学生了。张奶奶说："小孙子很聪明，能背近20首唐诗，英语也说得很流利。但最令老师头疼的是，每天上课注意力不能集中，甚至会离开座位，趴在教室的地上，或者会走到老师的讲台上兜一圈。"为此，张奶奶带着小孙子去医院向医生咨询，怀疑孩子患了多动症。经过医生诊断：多动症被否定了。除此以外，孩子写字经常"断臂少腿"，这里缺一笔，那里多一横，每天做作业老是磨磨蹭蹭……

孩子的"病因"是什么呢？在这次亲子活动中，陈主任以此个案作了深刻的分析：孩子的学习能力从什么地方来？来自孩子"视、听、动"能力的均衡协调发展。这好比小车的三个轮子，一个是"耳聪"，一个是"目明"，第三个轮子是"运动"。张奶奶在家庭里很重视对孩子"视"与"听"的训练：听故事，念儿歌，看连环画，讲英语……唯独缺少的是运动训练，如打滑梯、跷跷板、拍皮球、跳绳、爬坡……张奶奶孙子的学习能力的缺失，是"动"的滞后拖了"视"与"听"的协调发展。

最后，陈主任用了几个公式，形象地阐述了孩子学习与"视、听、动"之间的关系：读书＝视＋听；写字＝视＋动；说话＝听＋动；交往＝动＋视＋听；她说：根据调查结果显示：本市小学一年级学生中有50％不适应小学的学习，大多原因是家长只重视"视"与"听"的训练。所谓早期智力开发，简单化为"买书、读书、看书、背书……"唯独缺少的是

"动"，不重视孩子的游戏、活动、运动、劳动……

让孩子的"视、听、动"协调发展

当前，由于家长们片面理解早期智力开发，把早期智力开发异化为片面开发，野蛮开发，造成的结果是急功近利，欲速则不达。为了孩子不输在起跑线上，要让孩子的"视""听""动"三个轮子同时转起来，真正实现"耳聪目明""心灵手巧"，因为孩子是一个整体，各方面的能力需要和谐均衡发展。根据大家的建议，决定以《孙辈教育》班全体学员的名义，在"六·一"儿童节前向全市的爷爷奶奶外公外婆发出一份"为了第三代健康成长"的倡议书：

爷爷奶奶、外公外婆：

大家认为，养育"第三代"离不开现代的教育理念和科学的教育方法，在终身学习的社会中，我们只有不断学习充电，才能与时俱进。作为孩子的爷爷奶奶、外公外婆，谁不疼爱自己的第三代？但必须得当、得法、有度，否则过度疼爱、溺爱，将成为孩子滋生不良习惯的土壤，以致毁了孩子的一生。祖辈教育要正确定位，不要错位，更不要越位。在孩子成长过程中，孩子的父母应该是家庭教育的主角，祖辈要当好配角，父母对子女的教育和祖辈对孙辈的教育既不能相互排斥又不能相互取代。因此，不要因为祖辈教育的越位，疏远、阻碍、割断孩子与父母之间应有的亲情与亲子交流与沟通。父母对子女的教育和祖辈对孙辈的教育，各有优势，相互之间应取长补短，相互学习，加强沟通，形成教育合力。

在祖辈对孙辈教养过程中，既要重视“养”，更要重视“教”，要把培养孩子的健全人格放在第一位。爷爷奶奶自身的行为举止对第三代来说都是无声的教育，学习的榜样。因此，如何提高自身素质是至关重要的。家庭中的“代沟”是社会发展的必然产物，“代沟”通过两代人之间相互学习和沟通理解，是可以跨越的。爷爷奶奶们应该向自己的第二代、第三代学习。家庭的幸福与和谐离不开两代人之间的相互尊重与关爱，年轻的要尊重关心自己的父辈，要义不容辞承担父母应尽的责任；祖辈也应尊重关心自己的子女和孙辈，为他们分忧解难。

我们倡导：爷爷奶奶外公外婆要成为孩子们的玩伴，共同走进大自然，共同“阳光锻炼一小时”，爷爷奶奶外公外婆与孩子共读一本书，让每个孩子都拥有一位爱读书的爷爷奶奶、外公外婆！

在生活中提升孩子的智商和情商

第⑪招

播撒记忆力的种子

犊犊对坐地铁“情有独钟”。

每到双休日，他总会对我们提出去坐地铁的要求。上了地铁，就不肯下来。

有一次我们带着他坐上地铁 8 号线，一直从起点坐到终点，又从终点回到了起点，大大地过了一把“地铁瘾”。之后，一次偶然的机会，他得到了一张上海的地铁地图，不同颜色，不同的线路，1 号线、2 号线、3 号线、4 号线等地铁线路纵横交错，他都能分辨得清清楚楚。于是我开始训练他认识 4 号线的每个站名，用积木一块一块连接起来，把每一个车站名写在粘纸上，一张一张贴在积木上。不久，他竟然能快速地背出 4 号线的每个车站名。

有一次，已经到了晚上 7 点，他爸爸还未下班回家。我说：“犊犊，给爸爸打个电话吧！”“好呀！怎么打呢？”小家伙立即响应。“我来报号码，犊犊来拨号码！”电话很快拨通了，犊犊第一次体验到了在电话里，远距离地与爸爸说话的乐趣。我说：“把爸爸的手机电话号码背出来！”11 个数字我又复述了一遍，他一字一句跟着念。第三遍，他便能流畅地背出来了。从此以后，他每天都会独自给爸爸打电话，再也不需要我这个参谋。

我曾读到《文汇报》一篇文章“少年班走出的‘神童’”，这个神童叫张亚勤，12 岁读大学，31 岁当上美国院士，目前是全球顶级计算机研究院负责人。张亚勤的童年：3 岁识字，5 岁上学，幼年时期就显示了非凡的记忆天赋。他说：“我从小看什么东西都能记住，可以达到过目不忘的程度。”

记忆力是什么？记忆是指人的大脑对经历过的事物进行贮存和再现的能力。一个人的知识经验的积累和获得，以及渊博知识的储备都必须通过良好的记忆。研究证明：记忆力从幼儿期开始训练，有着成年期无法比拟的效果。记忆的种类很多，从记忆目的划分，可分为无意记忆和有意记忆；按记忆的方法划分，可分为机械识记和意义识记等，幼儿记忆特点不同于成人，主要以无意识记忆和机械识记为主。

我们如何从幼儿开始训练孩子良好的记忆力？使之具备最佳记忆的敏捷性、正确性、持久性和储备性呢？今天不妨从以下五个方面入手：

（1）让孩子明确记忆的目的和任务，向孩子提出一定的记忆要求，发展他们有意记忆能力。如果我们给孩子讲一个故事，不妨要求孩子听完后必须复述故事的情节和内容。

（2）充分利用孩子的无意记忆，提高无意记忆的效果。生活中生动直观、形象具体的事物以及能引起孩子兴趣的事物，容易被孩子无意识记住；利用双休日，我们可以带领孩子去公园、博物馆，还可以去旅游，或者多去参加各种“派对”，让孩子在活动中开阔眼界，增加知识，提升无意识记忆。

(3) 记忆过程中要尽量调动孩子的各种感官参加。感官，顾名思义，就是感受外界事物刺激的器官，有眼睛、耳朵、鼻子、手和脚等多种感官，使大脑的神经联系广泛，获得的印象更全面、更清晰，这样有助于加深记忆。在亲子活动中，尽可能让孩子又唱又跳，动手做一做；在看电视的过程中，家长也要参与其中，与孩子一起看，一起讨论交流，双向互动。

(4) 教给孩子正确的有效的记忆方法。例如：归类记忆法、歌诀记忆法和自我复述法等。

(5) 及时复习，巩固记忆。良好的记忆力是记忆保留长久的必要前提，但是识记还只是完成真正记忆的一半。根据遗忘的规律，刚学完新知识后，其遗忘速度也非常快，所以，复习得越及时，遗忘得也就越少。所以，每天幼儿园放学回家，第一件事让孩子回忆今天老师上课的内容，例如，老师讲了什么故事？唱了什么歌？组织了什么游戏？其实，这就是复习，防止遗忘。

第⑫招

播撒注意力的种子

犊犊有一对乌黑的大眼睛。眼睛是孩子注意力的窗口，通过这扇窗，他会告诉我，他在想什么，他需要什么，他对什么有兴趣，他关注什么。我们作为孩子的长者，与他朝夕相处，经常在思考一个问题：怎样才能使孩子这扇窗，永远保持“窗明几净，一尘不染”。

每天，在我带他去幼儿园的路上，他的两只脚却走得很慢很慢，是心不在焉吗？不！他的注意力在关注什么？只见他的两只眼睛在数着人行道上的每一块石板：1、2、3、4、5……“这是一块正方形，这是一块长方形，这里有几个三角形……”有的时候，他会关注路旁每棵小草、小草上的一只蜗牛、泥土里蠕动的蚯蚓、草丛中鸣叫的蟋蟀……每当这个时候，我不会去打扰他，去责备他，去催促他，有时会和他一起蹲下身子，与他一起观察他所感兴趣的一草一木、一虫一石。

一年 365 天，犊犊几乎天天都会去关注天空的变化：今天太阳几点钟上班？太阳下班了，月亮几点钟上班？今天的月亮是圆圆的，像个铜盆；什么时候的月亮弯弯的，像一根香蕉……犊犊还说："有的时候，太阳的脸是红红的，一定是喝了很多的酒；有的时候，太阳的脸是白白的，一定是洗过澡，洗得很干净；有的时候，太阳躲到乌云的被子里，他一定在睡懒觉了。"孩子来到这个世界，这个世界的万事万物，对他来说都是新鲜的、神奇的、充满诱惑力的，都值得他去注意、去观察、去思考、去问一个为什么？

其实，注意力可让孩子观察更深入、更细致、更全面。在日常生活中，我们可以提醒、引导孩子注意身边事物的观察：春意盎然时节，漫步在公园，我们可提醒孩子注意是否长出了翠绿的小草、绽放了绚丽的花朵；参观画展时，提醒孩子仔细观察画家在色彩与构图上的细微变化；漫步热闹的街头，提醒孩子留意身边人群中他们的服饰以及脸部神态。孩子只有集中注意力，观察才会仔细、深刻、全面而有效。注意力不集中的孩子，常常会犯"视而不见、听而不闻"的毛病。

孩子良好的注意力是高智商的表现；注意力集中的孩子才能做到"全神贯注""聚精会神""目不转睛""心无两用""专心致志"。物理学家爱因斯坦对物理世界情有独钟，在他的一生中，以极大热情投入其中，不以钻研之苦为苦，沉醉其中自得其乐。他把注意力和聪明才智都倾注在自己所执著的科学领域中，无怨无悔。

要想让孩子成功，先要提升孩子的注意力；要开发孩子的智力，同样先开发他的注意力，而且应该从娃娃抓起。如果在幼儿园，不管听老师讲故事还是听老师讲课，只要能集中全部注意力，其学习的效率就会很高。因此，从现在开始我们就应该训练他的注意力。平时，我经常与犊犊讨论这样一个问题："在幼儿园上课的时候，你的眼睛应该看什么？""看老师的新衣服？""不是！""看老师头上的蝴蝶结？""也不是！""看什么才对呢？""看老师的嘴巴""对！看老师在对我们说什么话。"其实，提升孩子的注意力除了眼睛，还应该有耳朵、嘴巴、手、脚……各种感官都应该集中注意力。"嘴巴干什么？""回答老师提出的问题！""手呢？""什么时候举手？什么时候小手放好？什么时候和老师一起动动手？都与注意力有关。""耳朵呢？""小耳朵可要跟着老师的声音转，不要被旁座的小朋友牵着走哦！"

如何培养孩子的注意力呢？可以从以下十个方面入手：

（1）注重培养孩子的兴趣。因为兴趣是孩子注意力的源泉，孩子的注意力受兴趣左右。

（2）培养良好心境，消除不良情绪。因为良好心境是培养孩子良好品质的有效途径。

（3）丰富孩子的知识、经验，训练孩子掌握动作技能，有助于促进孩子注意的广度、稳定性、注意的分配等良好注意品质的发展。

（4）把孩子注意品质培养与孩子意志品质培养相结合。

（5）排除不良干扰，排除无关刺激干扰，防止孩子分心。

（6）创设吸引孩子注意力的环境。

（7）当孩子在注意某件感兴趣的事物时，家长在一旁千万不要干扰他。

（8）帮助孩子理解和明确活动的目的。因为孩子对活动的目的意义理解得越深刻，有意注意的保持时间也就越长。

（9）为注意力寻找一个支点——自制力。鼓励孩子善于控制自己的行为，做每一件事都该善始善终，不半途而废。

（10）在游戏中训练孩子的注意力。例如：找数字；乒乓球动态训练；找错别字；听我数一数，你发现漏数的数字了吗？指认脸部器官；桌上放着很多物品，每次分别藏去几件，问孩子：什么东西不见了？

第13招

播撒表达力的种子

别看我的小外孙犊犊只有 3 岁，从小嘴里吐出的词汇与句子，经常会妙语如珠，使你眼睛一亮！一天，从幼儿园放学回家，外婆问他："犊犊，今天在幼儿园吃什么点心？""吃馒头，既不甜，也不咸……""那一定是淡馒头了。"犊犊听完外婆的话，便把小脑袋摇得像个拨浪鼓："不对！不对！里面根本没有蛋（淡）！"外婆笑了，但犊犊脸上的表情却非常严肃和认真："真的，不骗你的，馒头里根本没有蛋，怎么会是蛋馒头呢！""是的，是的，不是蛋馒头，应该是白馒头。"外婆一边说，一边连连点头。

平时，我们在与犊犊的交谈中，经常可听到他绘声绘色的象声词：下雨啦，小雨点，滴答滴答……大雨点，哗啦哗啦……打雷啦，轰隆隆，轰隆隆……刮风啦，呜呜呜，呜呜呜……走在路上，我经常听到他在自言自语，他在说什么呀！仔细一听，原来在讲故事呢！什么故事？《猴子捞月亮》《没头脑与不高兴》《乌鸦喝水》……

语言是打开智力之门的金钥匙，如何让每个孩子及早获得这把金钥匙呢？其实，孩子口头表达能力与其家庭语言环境和亲子沟通交流关系非常密切。据美国一项研究表明：孩子的语言开发从 9 个月至 3 岁开始，但由于家庭语言环境的差异，孩子的平均口语词汇量的差异很大：

在知识分子家庭，父母拥有一技之长，如医生、律师，3 岁孩子的口语词汇量平均为 1 120 个；在中产阶级家庭，孩子的口语词汇量为 750 个；在另一组依靠社会福利救济的贫困家庭，孩子的口语词汇量只有 520 个。

语言表达力是一个人智慧的反映，是一切学习的基础，语言有一种特殊的力量。每个人通过语言来表达自己的思想、观点、看法、情感和信息，以此得到他人的理解、接纳、支持，获得友谊、爱情和事业。但有的孩子从小说话轻声轻气，像蚊子叫，缺少男孩子的阳刚之气；有的孩子口头表达，吞吞吐吐，拖泥带水，词不达意，听者难以理解领会；有的孩子说话像冲锋号，像电钻，中间没有停顿，没有标点符号……

那么，培养孩子的表达力可以从哪几个方面入手呢？

(1) 用新的词汇表述孩子熟悉的话题：从“妈妈下班了”到“太阳下山了，月亮升起来了”。从“妈妈回家了”到“小鸟唱着歌儿回家了”。

(2) 给孩子感兴趣的物体、行为起名字。去动物园，根据它们的特征给小猴子起名字：黄毛、长尾巴、小机灵、馋嘴……

(3) 生活多观察，引导孩子大量使用形容词、副词、介词（在……里面，在……旁边）；观察早上的太阳，使用“红艳艳的”“圆圆的”“亮亮的”……观察河里的小金鱼：穿着花衣服游来游去，成群结队去寻找它的妈妈，张着嘴巴，吐着泡泡……

(4) 丰富孩子的词汇，多做替换；红色的汽车，蓝色的汽车，飞快的汽车，豪华的汽车……

(5) 扩大单词量：同一物体，多种名称，例：“茅坑”“厕所”“洗手间”“卫生间”“化妆间”……

(6) 多问疑问句，比如：谁的？什么？为什么？一次，孩子在小区指着竹子问我：“外公，这是什么?”“毛竹。”“毛竹怎么没有毛呀?”“毛竹生下的小宝宝是毛笋，全身都是毛。现在长大了，所以毛也没有了。”

(7) 扩句。从单词扩充到词组，最后完成一个句子。

(8) 利用家庭中的录音机、CD 机，多让孩子听故事、听精彩相声片断。

(9) 记录孩子的妙言妙语，让孩子见识自己“幽默感”和成长轨迹。培养孩子的幽默感，每日分享一则笑话。

(10) 鼓励孩子扮演角色，扮演大象、小猴、小青蛙、小蚂蚁等。

(11) 引导孩子说话抑扬顿挫，想象故事的千奇百怪。

(12) 家长带头扩大阅读量，每天让孩子听到你的读书声。使自己的语言丰富多彩，善于表达；吐字清楚，发音清晰而缓慢。

（13）多和孩子交流，有问有答；对孩子多鼓励，不要纠正他语法上的错误。

（14）让孩子和妈妈参加亲子合唱团，通过练唱，提高孩子的表达能力。因为唱歌综合了词（左半球的功能）和旋律（右半球的功能），唱歌可以加速男孩大脑神经连接的全面生长。

（15）让学习变得有趣。（玩游戏，背儿歌）

（16）少看电视，多做交谈阅读；享受语言带来的刺激。

（17）培养孩子四种沟通能力：

主动聆听——培养“同理心”“妈妈现在的感觉是什么?”“妈妈为什么生气?”

主动表达——训练孩子对自己内心感受的交流：“你心里的感觉是……”

主动建议——训练孩子对“事”的客观看法和个人主张：“你的看法是……”“你的建议……”

主动道歉——训练孩子表达勇于负责的能力。让孩子反省错误后，提供改错的台阶。

第14招

播撒合群能力的种子

我居住的小区，有一座小小的儿童乐园，这里安装着滑梯、跷跷板、转马等儿童活动器材。每天放学以后，很多小朋友在大人的带领下，都喜欢到这里来玩。在这个“小人国”的活动天地里，我发现了一种奇怪的现象：小朋友都喜欢独自一个人玩。同一小区的小朋友，谁也不愿意招呼谁，谁也不会与小伙伴一起玩，甚至连一个人无法玩的跷跷板，只能让他的外婆、外公、爷爷、奶奶与他们一起组合。

一天，我带领犊犊蹦蹦跳跳来到了儿童乐园，只见一个比犊犊稍大点的女孩正在一个人独自玩滑梯，她见我和犊犊走来，头也不抬，理也不理我们。“小朋友，你好！”我主动与她打招呼，这时，小姑娘才抬起了头。“你叫什么名字？在哪个幼儿园学习？”“阳阳，在博申幼儿园。”小姑娘回答得很干脆。我转身问犊犊：“那你叫什么名字呢？”“犊犊。”犊犊轻声回答，似乎有点害羞。“噢！那你在哪个幼儿园呢？”“博申幼儿园……”“啊！原来你们都在同一所幼儿园学习呢！大家都是好朋友，我们一起玩，好不好！”

在我的鼓励下，犊犊才爬上小扶梯，紧随这位小姐姐从高高的滑梯上慢慢地滑下来。他们俩变换着姿势，或坐着，或躺着，顺着滑梯往下滑，一会儿又逆着滑梯爬上去。玩够了滑梯，两人又坐在翘翘板的两端，两只小脚轻轻一踮，把自己翘得很高……一会儿阳阳拿出自己带来的铲子、水壶、钉耙等工具，两人一起在沙坑里挖沙，有说有笑，玩得可欢了。一个小时过去了，我问两个孩子："今天玩得开心不开心?""开心!"阳阳和犊犊异口同声回答。

为了培养小外孙的合群能力，我开始引导他主动参加群体活动：例如，小自行车比赛，与大孩子相比，他虽不能拿第一二名，但重在参与。让他经常参与角色游戏，通过扮演"教师"和"学生"、"医生"和"病人"、"售货员"和"顾客"，逐步了解、掌握社会生活中各种角色的行为准则和相互关系，掌握社会各种"游戏规则"，提升人际交往能力。

今年的10月15日，是他的4岁生日，我们打算为他举办一个"生日派对"，邀请他的同学、邻居家的小朋友，来家中聚会。让犊犊当一次小主人，学习招待小客人，让大家来分享自己生日的快乐。

合群，实际是一种交往能力。一个人生活在社会中，免不了要和别人打交道，在家里要和爸爸妈妈、爷爷奶奶打交道，在学校要和老师、同学打交道，在社会生活中还要和各种各样的人打交道。因此，从小应让孩子懂得合群，学会与人沟通，否则，很难实现社会化。

其实，培养孩子的合群能力，首先应从玩开始，让孩子感受到与小伙伴一起玩，比独自一个人玩更开心！对孩子来说，玩是很重要的学习，在玩的过程中，孩子之间相互学习、相互配合、交流合作、体验友谊，培养合群能力和人际交往能力。

不合群的孩子长期独处，既体验不到伙伴友谊的温暖，又感受不到融入集体的快乐与自信。长期独处的孩子性格会变得越来越孤僻、冷漠，将来很难融入社会。

心理学研究表明：孩子在与人交往过程中，会不断萌发各种社会动机，形成合群、归属的心理需求。当这种需求获得满足时，合群行为和归属感得到强化，就会产生友爱、欢悦的心理体验。

一个不合群的孩子如果长期被孤独感所包围，势必会影响心理健康，周围没有朋友，人际关系紧张，心情烦躁不安，情绪抑郁，精神萎靡，人体免疫力会下降，对学习、生活、工作会感到索然无味，缺少方向和目标。

有一项对6～9岁孩子的研究发现：不合群的小朋友，有70％的学习成绩不理想。美国成功学大师卡耐基说：“一个人的成功，只有15％是由于他的专业技术，而85％要靠其人格力量和处理人际关系的能力。”

如何从小培养孩子的合群能力，提升孩子交往能力呢？

（1）让孩子懂得与小伙伴一起玩，必须共同遵守“游戏规则”，其中包括：平等，相互尊重，友爱互助等。

（2）让孩子在交往中体验成功，在合群中获得快乐，不断增强孩子的自尊心和交往的自信心。

(3) 以平等的观念对待别人，不要让孩子养尊处优，高人一等，更不能享受某些特权。

(4) 让孩子学会相互“串门”，家长要欢迎孩子的小伙伴上门，让孩子独立接待客人。

(5) 交往，离不开口头表达。让孩子围绕表达的主题，把意思一层一层地说清楚。

(6) 鼓励孩子多参加集体活动。在活动中，让孩子学会尊重人，信任人，谅解人，乐于助人，学会正确处理个人与集体的关系。

(7) 当孩子与伙伴产生矛盾、发生摩擦时，鼓励孩子自己独立处理和解决，学会宽容和谦让，学会“换位思考”，学会暂时回避，找出控制情绪的办法，家长可启发引导，但不要越俎代庖。

(8) 鼓励孩子参加各种体育活动，体育是一种人与人直接正面接触和竞争的群体活动，既是竞争对手，又是友谊伙伴。

(9) 为孩子多创造一些交往的机会，例如：“生日派对”，旅游，参观等。

(10) 让孩子掌握交往的礼仪与技巧。例如：遵守时间，严守信用，主动与人打招呼，学会感恩，遇事说“谢谢”等。

第15招

播撒观察力的种子

在阳光明媚的天气里，我会带着我的小外孙犊犊，去我们家附近的和平公园，或沿着弯弯的林中小道，或躺在青青如茵的草坪上，让孩子的眼睛去饱览大自然的多姿多彩，去观察大自然的千变万化，去感受大自然的神奇与美丽。因为大自然对孩子来说是一本无字的教科书，只要打开这本书，孩子对大自然的热爱，对宇宙万事万物的好奇，对知识的渴求，就能得到极大的满足。

我对犊犊说："公园里有那么多的树、那么多的花，我们先认识一下颜色吧！""什么花是红颜色的？""蔷薇花、杜鹃花、喇叭花、山茶花、鸡冠花、荷花、桃花、石榴花……"我们一边观赏，一边用数码相机一一摄入。

"那么什么颜色叫紫红？什么颜色叫粉红？什么颜色叫玫红？""噢，原来红色妈妈生下那么多的小弟弟小妹妹！"犊犊眨着大眼睛，又兴奋又喜悦。"什么样的花是白色的？""广玉兰、白玉兰、李花、樱花……""什么样的花是黄色的呢？""迎春花、美人蕉，还有……"孩子从此对色彩有了认识，产生了兴趣。回到家，他会把水彩颜色一一挤出来，蓝色加黄色等于绿色，红色加蓝色等于紫色……原来，在色彩王国里，有那么神奇的魔法！

我们俩经常走进小区的树丛，面对一片片绿叶，让犊犊去观察每一片树叶的形状。可以这么说：同一棵树上，叶子成千上万，但没有两片树叶是一模一样的。不同的树有不同的叶，各有各的形状，可谓千姿百态。

我会不失时机地问犊犊：“哪种树叶是圆的？哪种树叶是三角形的？哪种树叶是纺锤形的？哪种树叶像一把扇子？哪种叶子像一只巴掌？”我捡起了一片片落叶，有银杏叶、香樟叶、柳条叶、冬青叶、芭蕉叶……我们一一将它们夹进书本，压成标本，成为一片片的树叶书签。渐渐地，犊犊开始认识了三角形，在三角形的大家庭里有许多兄弟姐妹，它们是直角三角形、锐角三角形、钝角三角形……

为了培养孩子的观察能力，我有时会抓两条蚯蚓，放在装满泥的瓶子里，让犊犊见识蚯蚓是怎样松土的，它如何“再生”，从一条变成两条的。春天，我会在家中金鱼缸里养上几条蝌蚪，让孩子观察蝌蚪如何长出一条又一条腿，而最终演变成一只青蛙，我们再把它放生到小河里回归大自然。

春天，在一个比较晴朗的早晨，我和他带着几个瓶子到小区的小树林，在树叶的背面或树干上，小心取下蝴蝶的幼虫，将其放进瓶子，然后取一些泥土和树叶，一起放入家中的玻璃缸，过了一段时间，孩子便可看到幼虫作茧了最后变成了一只美丽的花蝴蝶。

孩子很多知识的获得来自观察。因此，观察是了解自然、认识世界、求知求真的门户，是智力活动的源泉。通过观察，可以获得书本上学不到的知识，可以有所发现，包括新的见解和新的成果。英国科学家弗莱明做细菌研究时，观察到一个忘了盖盖子的试管口上长了绿毛，绿毛附近的葡萄球菌都死了，由此他发明了青霉素，获得了诺贝尔医学奖。

孩子观察能力的培养必须从小抓起，持之以恒。

如何培养孩子的观察能力呢？

（1）要训练孩子平时观察周围事物的目的性、主动性和专注性。要有的放矢，持之以恒，观察事物。

（2）掌握观察方法，其中包括：典型特征观察法、顺序观察法、比较观察法、长期系统观察法。

（3）在观察过程中，要调动孩子的全部感官，解放孩子的眼睛、耳朵、嘴巴、身体、双手和大脑。

（4）在观察中，对事物每个细节、特点都不可轻易放过。

（5）观察时多问几个“为什么”，要善于思考，通过思考、比较、综合、分析、归纳，这样的观察才会深入细致，不浮光掠影，不蜻蜓点水，浅尝辄止。

（6）在观察的同时，培养孩子写观察日记的习惯。把观察的过程、结果、体会一一记录下来，形成文字。

第16招

播撒想象力的种子

在小外孙犊犊生活的天地里，有可亲可爱的妈妈和“故事大王”的爸爸。每天早上，他拉着妈妈的手走进幼儿园；每天晚上，爸爸伴着他走进《托马斯和朋友》动画故事的乐园。爸爸和妈妈的笑脸，是展现在他眼前最美丽的花园；爸爸妈妈的怀抱是他最安全的港湾。和爸爸妈妈在一起游戏、打闹，甚至撒娇，是每天最快乐的时光。

小犊犊一天天长大，在生活的教科书里，在与自己喂养的几只小蝌蚪交往中，他认识了小蝌蚪的爸爸妈妈，原来它们是两只眼睛四条腿的青蛙。每天，他会向我要一块早上吃剩的面包，去小区的“日月潭”喂小金鱼，他总会问我：“小金鱼的爸爸妈妈在哪里？小金鱼和爸爸妈妈的家在哪里？晚上它们睡在什么地方?”在他的眼睛里，游弋在小金鱼两边的两条大金鱼一定是他的爸爸和妈妈！

星期天，我带他去动物园。在猴山，他关注着每一只小猴，并力图找到它们的爸爸妈妈。我告诉他：给小猴喂奶的一定是它的妈妈，至于它的爸爸呢？你问问每一只小猴，它一定会告诉你。

按照小犊犊的“理论”，他每天吃的苹果、梨、香蕉、菠萝都是“果树爸爸”和“果树妈妈”生下的小宝宝。走在马路上，他会很自信地对我说：“长长的公共汽车是小轿车的爸爸妈妈！”

有一天，雨后天晴，蓝天升起了一道美丽的彩虹。犊犊第一次看到五颜六色的彩虹，雀跃着，欢呼着。我问他：“彩虹像不像一个美丽的小姑娘？”“像，太像了！”他问我：“那么彩虹姐姐的爸爸妈妈在哪里？”我说：“彩虹的妈妈是太阳，彩虹的爸爸是空气中的小水珠。”回到家里，他从书架上拿起彩笔，他说：“要把彩虹姐姐和她的爸爸妈妈画下来。”不一会儿，犊犊的“大作”完成了。他在白纸上，画了一个圆圆的太阳，但是绿色的。我问：“太阳为什么不是红色的？”他答：“今天太阳妈妈穿了一套绿色的连衣裙，和自己的妈妈一个样。”他又画好了彩虹姐姐，在彩虹姐姐的身边还画了一个小孩，他说：“那是犊犊。我拉着彩虹姐姐的手，大家都是好朋友……”

想象力是智慧的翅膀，有了智慧的翅膀，人才能飞得高、飞得远。每个孩子的想象力是无穷无尽的。知识是有限的，但想象是无限的。想象是一切创造和灵感的源泉，是人类智慧的源泉。儿童时代是充满幻想的时代，孩子天真活泼，充满童真，思维很少束缚，想象的翅膀将可带着他们飞向宇宙星空，潜入海洋世界……

科学研究表明：如果一个人在小时候想象力得不到发展，他不可能成为诗人、小说家、雕塑家、画家，而且也成不了建筑家、科学家、法学家和数学家。可以这么说，发明家发明机械，学者发现真理，建筑师设计大桥、高楼，都离不开想象。拿破仑曾说过：“想象支配整个世界。”这确实是至理名言。拿破仑的话也源自他的行动，他在战争中所制定的战略战术及其宏伟规划都是他想象的产物。

在平日生活中如何培养孩子的想象力呢？

(1) 在玩中培养孩子的想象力。

玩是孩子的天性，玩是孩子最好的学习课堂。孩子游戏王国里离不开丰富的想象，孩子的每一个玩具无不是孩子发挥想象力的舞台和道具。一根小小的竹竿，在孩子手中，可以想象为一匹骏马；一个布娃娃，几个孩子一起“办家家”，孩子可以想象自己的将来，把自己想象成爸爸妈妈抱着“他”去医院打针，去商店购物。让我们尊重孩子的玩，指导孩子玩，和孩子一起玩，在玩中玩出非凡的想象力。

(2) 在观察大自然中引导孩子想象。

大自然对孩子来说是一本教科书，大自然的一草一木都可以引发孩子无穷的遐想：蓝天中朵朵白云如成群的绵羊；红红的太阳如同一只火球；傍晚黄昏，太阳又如同一盏大红宫灯；晚上，夜空悬挂的月亮有时像玉盘，有时像弯钩；那绿茵茵的草坪，金黄金黄的沙滩，那碧蓝碧蓝的大海，那白色展翅飞翔的海鸥，都可引导孩子去想象，去比拟。这些事物在孩子的头脑中，通过想象而成为一幅幅画面、一个个美丽的童话，让孩子用自己的语言表达出来。

（3）在讲故事中激发孩子想象。

大人给孩子讲故事，是激发孩子想象力的重要途径。同样一个故事，可以从头到尾把故事讲完，但也可以讲到一半，让孩子去自编结尾，或者让孩子为故事中的人物重新设计命运：《龟兔赛跑》第一次比赛，小白兔输了；第二次比赛，小白兔吸取了教训，就赢了，第三次呢？也可以让孩子添加故事情节和细节，更可以让孩子为故事的主人公画像，或替换故事中的人物，改变其人物性格和行为习惯。

（4）在绘画中发挥孩子的想象。

儿童画的评价标准不是以绘画技巧，更不是以画得像与不像为唯一评判标准。儿童画首先应给孩子一个丰富想象的空间。

作为孩子的父母不要用大人的“框框条条”来约束孩子的想象力。如果孩子画茶杯，茶杯未必一定是圆的，方的茶杯恰恰是孩子想象力的体现。几年前的一次世界儿童画比赛，一位中国小朋友以《我在月亮底下荡秋千》为题而获得了国际金奖，如果没有一点想象力，仅仅只是画一个小朋友在儿童乐园荡秋千，那还有什么想象力可言呢？

当然，孩子的想象力是建筑在大量丰富的知识的基础之上，而且知识广度越大，深度越强，孩子的想象力也就越强。另外，孩子的求知欲也是培养想象力必不可少的条件。

第17招

播撒意志力的种子

只要气温下降，小外孙犊犊便感冒咳嗽，开始大家不重视，他的咳嗽怎么老是不见痊愈？去新华医院看专家门诊，经医生诊断：他得了肺炎！于是吃药、吊针成了他每天生活必须去跨过的一个坎。

根据医生要求，每日三餐的饭后，犊犊必须吃四种药：红药、白药、灰药、黑药，于是，妈妈把三种颜色药片碾碎，倒上红色的药水，放在装着调匙的碗里。犊犊望着红红的药、白白的药、灰灰的药、黑黑的药，眼睛里一汪泪水："妈妈，我怕苦！妈妈，我怕苦！"妈妈开始给他做思想工作："犊犊，你现在生病了，只有把这药吃下去，你的病才会好。知道吗?""我怕苦……""你是男子汉，我们不怕苦，勇敢一点，只要嘴巴一张，一直咽下去，很快就不苦了。"犊犊捧着药哭着，哭得很伤心，但也很无助。他想不吃，但家里谁也不让步，大家相持着，孩子的哭声像一把小刀割着爸爸妈妈的心。他一边哭，一边观察我们的神态，看爸爸妈妈如此坚决，总希望在外公外婆身上找到一个"防空洞"或者"保护伞"，然而我们之间早已建立了一条“统一战线”，他无法找到任何一个缝隙。就这样，他妈妈用半个小时的耐心，融化了孩子的胆怯和懦弱，全家上下坚定不移的决心似乎给了他一种“不怕苦”的勇气和力量。他抹掉眼泪，一口气喝完了药，全家欢呼起来，妈妈把他抱在怀里亲他、夸他，我给他的手背上奖了一个红红的五角星。从此以后，犊犊吃药开始变得很自觉了。

我们全家都有一个明显的感觉，孩子通过这次生病，似乎一下子长大了，懂事了许多。每当在我抱着他去医院打吊针的路上，我一边不断强化他吃药勇敢的表现，一边也告诉他打针是有点疼，但不过像被蚊子咬一口而已，你越怕，它越疼；你越勇敢，它就不疼了。犊犊听着我的话，似懂非懂地点了点头。

走进医院，沿着自动扶梯，来到注射大厅，按照预约的号码，我把犊犊抱到床上，按照护士的要求，脱去他的外衣，挽起他的袖管，将他的手臂伸直，这时，犊犊望着穿着白大褂的护士，望着她手中的针筒和一袋药水，他知道：针马上要扎进他的手臂，“疼”马上要开始了。他有点怕，他想哭，但看了看我，看到了我的眼神：勇敢！男子汉！似乎明白了许多。护士按住犊犊的手臂，针头很快进去了，药液进入他的血管，他没有哭出声，但眼泪哗哗地流出来了。

我知道他很疼，他怕疼，但他忍着，他要当个小小的男子汉，他最终没有哭出声音来。他把整个头埋在我的怀里，我双手紧紧地搂着他，给他一种力量，似乎告诉他：有外公在，你什么也不怕了！

今天的独生子女都有一个共同的弱点：怕苦、怕累、怕这、怕那。如果今天的孩子意志薄弱，耐力差，做事不能长久，虽然事事“知之”，不能“行之”，更不能“持之”。将来走上社会必败无疑。

意志力，表现为一个人实现自己生活、学习、工作直至人生目标的重要品质，同时也是一个人克服困难、跨越障碍、解决矛盾的心智力量。爱迪生说：伟大人物最明显的标志，就是他坚强的意志，不管环境恶劣到什么地步，他的初衷仍不会有丝毫的改变，而后克服困难，以达到预期的目的。成功并非唾手可得，成功也不是别人双手奉送的，成功靠的是坚强意志、矢志不渝的坚贞、持之以恒的耐久。一个人要想成功，首先要有成功的心理品质，坚韧不拔的品质。今天的社会是一个竞争的社会，在竞争中取胜，靠的是什么？不是力量，而是韧性、毅力和恒心，一句话：意志力。

如何才能让孩子从小就变得坚强起来？父母如何培养孩子的意志力呢？

(1) 父母要做坚强的榜样，孩子才会变得更加坚强。

当我们碰到困难挫折的时候，不要轻言放弃，更不能唉声叹气，因为你的一言一行都在影响着孩子，大人的榜样作用是无穷的。

（2）给孩子制定合理的目标。

每年一个大目标，每月一个中目标，每周一个小目标。让孩子在成长的道路上，积小胜为大胜。在克服困难、磨炼意志的过程中，体验成功的喜悦。

（3）为孩子设置必要的障碍。

例如：布置一些比较累、比较脏的家务；去完成一点难度较高的事情，当然障碍可以故意设置，但也可以从家庭生活实际情况出发。

（4）鼓励孩子自我训练。

让孩子在改变自我、完善自我过程中，战胜自身的畏首畏尾、胆怯、懦弱的一面。为了克服自己懒惰的坏毛病，可以采用每天坚持早锻炼，不睡懒觉。为了锻炼自己胆量，参加社区活动，在集体中勇于发表自己的观点和想法。

（5）让孩子学会生活，把握自己。

首先让孩子学会做家务，学会生活自理，不要事事依赖父母，父母不要越俎代庖，成为孩子的拐杖。

（6）给孩子一些劣性刺激。

如果孩子挑食，浪费粮食，给孩子一点饥饿感；如果有孩子骄、娇二气，让他在生活中吃点苦，懂得今天幸福来之不易；在表扬声中长大的孩子，必要时也要让孩子感受一下批评的滋味；如果孩子经常粗心、丢三落四、忘这忘那，应该让他自己去接受自然的惩罚。

第18招

播撒自制力的种子

我的小外孙犊犊真可谓是动画片里火车“托马斯”的“小粉丝”。口中念念有词的是“托马斯”在动画片中的对白，星期天去乘坐和“托马斯”一模一样的火车或地铁。晚上看《托马斯和朋友》动画片成了他睡觉前必修的一课。先是向他妈妈提出看一集，后来，感到只看一集，有点不过瘾了。两集，三集……对孩子日益增长的欲望是无限制地满足呢？还是……

我们便提出“有条件满足论”。所谓“有条件满足”，即每天必须做到“三个好”：一日三顿吃饭好（不准大人喂）；午觉睡得好（不要大人拍着睡）；幼儿园上课表现好（能举手回答老师提出的问题）。只有做到“三个好”，才能看三集《托马斯和朋友》。

犊犊对爸爸妈妈提出的三个条件当然一口答应，但在每日执行过程中可不是那么容易，有时吃饭表现不好，有时午觉不肯入睡……有一天，他的爸爸妈妈说：“犊犊今天表现三点都不好，所以《托马斯和朋友》一集也不能看！”犊犊一听，急着向妈妈求助，向爸爸求助，向外公求助，向外婆求助，全家统一行动，谁也没有成为他的俘虏，他哭了，越哭越伤心，甚至躺在地上打滚。他妈妈说：“你这样表现，不仅今天不能看，这个星期都没有资格看！”这句话，可把犊犊镇住了，他知道，妈妈说话是说一不二的，乖乖地去刷牙睡觉了。

父母对孩子的溺爱和无原则迁就是孩子任性的温床，最后导致父母被孩子牵着鼻子走，孩子在家庭中成了无法无天的“小霸王”。为了防止孩子的任性，必须从小培养孩子的自制力。自制力是指孩子能够自觉地控制自己的情绪和行为。既善于激励自己勇敢地去执行采取的决定，又善于抑制那些不符合既定目标的欲望、动机、行为和情绪。自制力是坚强的重要标志。与之相反是任性。对自己持放纵态度，对自己的言行不加约束。任意胡为，不考虑行为的后果。

有一位心理学家曾经做了这么一个跟踪实验，称为“延迟满足”实验。

实验者发给 4 岁被试儿童每人一颗好吃的软糖，同时告诉孩子们：如果马上吃，只能吃一颗；如果等 20 分钟后再吃，就给吃两颗。有的孩子急不可待，把糖马上吃掉了；而另一些孩子则耐住性子、闭上眼睛或头枕双臂做睡觉状；也有的孩子用自言自语或唱歌来转移注意力消磨时光以克制自己的欲望，从而获得了更丰厚的报酬。

研究人员进行了跟踪观察，发现那些以坚韧的毅力获得两颗软糖的孩子，等到上中学时表现出较强的适应性、自信心和独立自主精神；而那些经不住软糖诱惑的孩子则往往屈服于压力而逃避挑战。在后来几十年的跟踪观察中，也证明那些有耐心等待吃两颗糖果的孩子，事业上更容易获得成功。

实验证明：自我控制能力是个体在没有外界监督的情况下，适当地控制、调节自我的行为，抑制冲动，抵制诱惑，延迟满足，坚持不懈地保证目标实现的一种综合能力。它是自我意识的重要成分，是一个人走向成功的重要心理素质。

平时，我们该如何培养孩子的自制力呢？

(1)“守住底线”比“无原则迁就”好。

在生活中，经常会发生家长对孩子规范要求与孩子的任性之间的碰撞与冲突，我们是守住底线，坚持原则呢？还是放弃原则，成为孩子的尾巴？

一天吃晚饭，犊犊捧起饭碗，只见碗里有几片菜叶，他立即用调匙将全部青叶拨到桌子上。全家见此状都很生气，妈妈严肃地对犊犊说：“菜有很丰富的营养，你必须把桌上的菜全部捡起来吃掉，否则就不要吃饭了！”犊犊的脾气很倔，双方僵持了半个小时，最后以剥夺孩子吃饭的权利而结束。这天晚上，犊犊没有吃晚饭，第一次尝到了“饥饿”的滋味，第二天吃早饭，乖乖地吃完了蔬菜。

(2)“有条件满足”比“有求必应”好。

犊犊有多少辆玩具汽车？粗略统计一下，不少于100辆。玩具一多，他自然不珍惜、不爱护。很多汽车或是少一个轮子，或是出现其他毛病不能玩，便成了废品。一天，我带犊犊去和平公园，见门口有个摊贩在吆喝：“大汽车，大汽车!”犊犊闻声，拿了一辆汽车，喜欢得不肯放下。“外公……我要买……”我说：“我们刚才已买了小手枪，汽车不能再买了，况且家里汽车已够多的了。”犊犊心里虽然有点不高兴，但最后还是克制了自己的购买欲望和要求，放下手中的汽车，乖乖地跟着我回家了。

(3) 从小事做起，锻炼大毅力。

今年夏天，我带犊犊去爬莫干山，山上刚下过雨，台阶又陡又滑，很多同龄小孩不是嚷着要爸爸妈妈抱，就是花上50元钱，坐在轿子上，像个小小的“南霸天”，唯有犊犊拉着我的手，从山脚爬到山顶，没哼过一句“爬不动”。周围的大人们都非常赞赏他的吃苦耐劳精神。

地质学家李四光一向以工作坚韧、一丝不苟著称，这与他年轻时就锻炼自己每步走0.8米此类的小事不无关。道尔顿平生不畏困难，看来从他50年天天观察气象而养成的韧性中得益匪浅。高尔基说：“哪怕是对自己的一点小小的克制，也会使人变得强而有力。”生活一再昭示，人皆可以有毅力，人皆可以锻炼毅力，毅力与克服困难伴生。克服困难的过程，也就是培养、增强毅力的过程。毅力不很强的人，往往能克服小困难，而不能克服大困难；只有积克服小困难之小胜，才能使人具有克服大困难之毅力。

(4) 培养兴趣，激发毅力。

有人说兴趣是毅力的门槛，这话是有道理的。法布尔对昆虫有特殊的爱好，他在树下观察昆虫，可以一趴就是半天。诺贝尔奖获得者丁肇中说，我经常不分日夜地把自己关在实验室里，有人以为我很苦，其实这是我兴趣所在，我感到“其乐无穷”，自然有毅力干下去了。

我的外孙犊犊对数字、色彩、几何图形和地图有一种特殊的兴趣。那天，在去莫干山的路上，他坐在大巴士上，一边观赏窗外的景色，一边对我说：“汽车按了两下喇叭。”“嘟嘟……”他说：“又按了两下！”大约过了20分钟，坐在一旁的老师问他：“现在汽车按了几下喇叭？”“26下！”他脱口而出。在他的语言中，有很多句子都喜欢用数字来表达。一天，他一边搭积木，一边自言自语道：“一个正三角形加一个正三角形，可以变成一个四边形；四块正三角形拼起来，又是一个大大的正方形……”

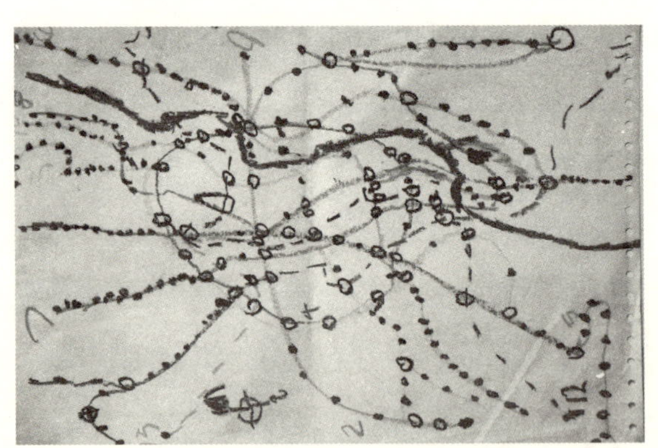

第19招

播撒自信力的种子

每天幼儿园放学，我的小外孙犊犊总会扬起他的小脑袋问我：“外公，今天自行车比赛吗？”我反问：“你想比吗？”“想！”“你敢与小哥哥们争第一吗？”“敢！”他炯炯有神的眼睛里充满自信与好胜。

记得半年前，犊犊的妈妈见小区的小朋友每人都有一辆小小自行车，在小区的中央大道穿梭着，你追着我赶着，玩得可开心啦！于是她答应在孩子4岁那天给他买一辆小小自行车作为生日礼物。当犊犊第一次骑上车，他的神态告诉我：除了得到生日礼物的兴奋之外，更多的是紧张与害怕，他的两条腿不知如何使劲，如果我们不助一臂之力，自行车仍原地不动。于是，每天幼儿园放学，练习骑自行车成了犊犊必修的功课。

每日下午4点钟以后，小区的中央大道上，便是爷爷奶奶、外公外婆们陪着自己的小孙子、小外孙玩耍的共同时间。有滑滑梯的，有玩翘翘板的，更多的是骑小自行车的。为了孩子的安全，不少老人虽满头白发却依然寸步不离自己的第三代。小朋友们骑着小自行车在绿化丛中享受阳光，老人们迈着蹒跚的脚步紧随其后。各家管各家，各人玩各人。独生子女最大的毛病，可能是独来独往习惯了。我想：与其各人玩各人的，还不如把小朋友组织起来，成立一支小小的自行车队，每天举行一场自行车比赛。我的建议得到了小朋友和老人们的支持和欢迎。为了吸引更多小朋友参与每日的自行车比赛，我还特地去文具店买了“五角星”的粘贴纸。我宣布：每次比赛第一名可得到三枚“五角星”，第二名可得到两枚“五角星”，第三名以后均可得到一枚“五角星”，也就是说：重在参与。

“各就各位!”“预备……”随着我的一声口令，全小区的十余辆小小自行车在中央大道一字排开，小选手们个个跃跃欲试，一比高低。我的小外孙犊犊在这支队伍中是一位积极的参与者，从不缺席。每次比赛，他虽然不能拿到第一，但每次比赛都能坚持到底，从不半途而废。

有一次，两位比犊犊大两岁的大班小胖墩，没来参加比赛，犊犊竟然拿了第一，三颗“五角星”全都贴在他的额角上，他感到很光荣，很自豪，也很自信。在大哥哥面前，犊犊不可能超越他们，但我对他说：“再过两年，你长大了，你一定会超过大哥哥，你能行!”他听了我的话，似懂非懂地点了点头说：“今晚一定多吃点饭，让自己快快长，长得高一点，超过他们。”这是什么？这是孩子的自信。

自信力是什么？自信力是一种心理品质，是促使人向上奋进的内部动力，是一个人取得成功所必备的重要的心理素质。自信是每个人做事成功的动力和源泉。美国成功学家卡内基说过：谁拥有了自信，谁就成功了一半。自信的人，就能乐观进取，勇于尝试；如果缺乏自信，凡事表现出柔弱、害羞、恐惧心理，不敢与人主动交往，从而失去很多学习和锻炼的机会。

海伦·凯勒在 19 个月大的时候，一场疾病使她变成了又瞎又聋的哑巴，在家庭教师的教导下，残疾的她不但学会了说话，还学会了用打字机写稿，成为第一个接受大学教育的聋哑人，并以优良的成绩大学毕业。海伦·凯勒虽然是个盲人，但读过的书比视力正常的人还多，而且她的一生写了 7 本书，比正常人更有创造力。她的事迹在全世界引起震惊和赞赏，被称为“奇迹人”。海伦·凯勒有一句座右铭：相信自己做得到，你就能做得到。

所以，自信力对每个人的成长太重要了。自信的孩子在生活中能抬起头来走路，不管面临什么困难，都充满乐观和希望。如果一个人缺乏自信力，缺乏上进的勇气，本来可能有十分的激情结果只剩下五六分甚至更少。长此以往，便会缺少前进的动力和成长的方向，会成为一个被自卑感笼罩的人，不但延迟进步，甚至会自暴自弃，那是多么可怕呀！

孩子的自信应从小培养，从现在开始培养，从每一件小事中培养，在生活的实践中培养，在成功的体验中培养。

培养孩子的自信力可以从哪些途径入手呢？

(1) 尊重孩子的人格，尊重孩子的意见。

没有尊重，哪来自尊？鲁迅先生说过：孩子小的时候，我们不把他当人，长大以后，他就成不了人。家里的事，多听听孩子的意见，譬如星期天，全家外出游玩，到底是去动物园还是水族馆？给孩子选择的范围，让他自己作出选择。“孩子，你想不想学钢琴？要不要请家庭教师？”做父母的决不越俎代庖，妈妈让你自己作“决定”。

(2) 当父母错怪了孩子，父母应弯下自己的身段。

向孩子说声：“对不起！爸爸妈妈向你赔礼道歉！”孩子是家庭中的一员，父母与孩子应平等相处，不能居高临下，父母的一言一行、一举一动都体现了是否对孩子的尊重。如果家庭中有重大问题开一个家庭会议，听取孩子的意见；孩子犯了错误，父母也不会横眉冷对、更不会拳脚相加，坚持以理服人……那么孩子就会在尊重中获得自尊与自信。

其实，对父母来说，尊重孩子，不是一件抽象的事，而是在生活中几乎每时每刻都要面对的。

(3) 多给孩子一点欣赏和鼓励。

不拿孩子的短处与别的孩子长处比。多跟孩子说：“你能行！你真行！你真棒！”绝对不说：“你真笨！你不行！”

(4) 用商量的口气让宝宝做力所能及的事情。

“把报纸拿给外公，好吗？”让孩子知道被人需要，帮助人是一种快乐，是一种光荣。这是提高自信心的好方法。

(5) 多给孩子一点表扬。

荣誉感可以激发孩子的自信心：墙上张贴孩子涂鸦之作，柜子陈列孩子的小制作。孩子点滴进步，家长应及时给予表扬与激励。

（6）宽容是培养孩子自信的土壤。

孩子的调皮与不听话，是成长过程中必然会经过的一个阶段，父母要学会宽容与包容。家长教育的智慧是启发孩子的自我教育：让孩子以自身的优点去克服自身的缺点。

（7）平等地与孩子相处与交流，成为孩子的朋友，真正读懂孩子这本书。

（8）让孩子当家、拿主意会增强孩子对生活的自信心。

（9）让孩子从容登台表演，就是锻炼他的自信心。

（10）孩子的自信来自对他每一件小事的认可。

第20招

播撒创造力的种子

一天回家，刚进门见老伴正在批评小外孙犊犊，忙问："什么事?""什么事?你的外孙又做好事了!把一块雪白雪白的墙涂得一塌糊涂!"一眼望去，只见对面的白墙被犊犊用五颜六色的蜡笔涂满了。犊犊知道外婆已经生气了，但心里很不服气，只见他还不肯放下手中的蜡笔，仍握着蜡笔往墙上涂鸦。

"犊犊，告诉外公，你画的是什么?""房子……这是罗浮路的房子。"我顺着孩子的目光，细细地欣赏孩子的"大作"。"真不错，画了这么大的一幢房子!""这房子有几层呀?""100层。""这么高呀!""犊犊住在几楼呢?""100层。""爸爸妈妈住在几层呢?""99层。""那么，外公外婆住在几楼呢?""98层。""爷爷奶奶呢?""97层。""96层给谁住呢?""给幼儿园乐老师、李老师……""真不错，犊犊真棒，明天，外公外婆一定住到犊犊造的新房子里去。"

我夸奖着孩子，欣赏着他的作品，他很得意。在孩子的目光里，我看到他不再是委屈，而是一种自豪。"犊犊，这里画的是什么呀?”我蹲下身，指着右下角那一大批五颜六色的弯弯扭扭的线条，“那是停车场!”犊犊俨然成了一名建筑设计师，指着白墙上的每个色块、每根线条，认真向我介绍着：“爸爸的荣威车应该停在这里。”“那么外公外婆的自行车停在什么地方呢?”我虚心地请教着。“嗯，停在那里……”“还有犊犊的小童车呢?”“可以停在这里呢!”“那为什么不造地下停车场呢?”“……”犊犊不吱声了。我说：“犊犊，咱们把停车场搬到地下去好吗?”“好呀!”“那么，地面上有那么大的一块空地，可以造一个儿童乐园。”一听儿童乐园，犊犊可来劲了，他挥起手中的蜡笔，一边涂，一边口中念念有词：“这是滑滑梯，这是翘翘板，这是荡秋千，那是挖沙玩沙的地方，那是转木马的地方……”

从此以后，犊犊获得了这块墙壁涂鸦的“专利权”，涂满了，咱们用白纸盖上，又涂满了，又盖上……孩子的创造，孩子的想象，孩子的心声，孩子的权利，都展示在这块白墙上了。

其实，每个孩子从小都喜欢玩沙、玩泥、玩水、涂鸦，这是一种好奇心，是一种探究精神，是一种创造力，是一种自我表现、自我实现的要求。这种欲望，既与生俱来，也是孩子成长的过程。作为孩子的父母，既不能剥夺他成长的权利，更应该为他成长的需求提供表现的舞台。允许他玩水、玩沙、玩泥、涂鸦，衣服弄脏了，手弄脏了，都无所谓，墙壁弄脏了，可以重新刷白。但孩子的创造力被扼杀了，其关系到孩子聪明才智的发挥，潜能的开发，以至将来社会的发展，人类文明和民族的兴衰。一句话，没有创造力，国家没有竞争力，永远不能去超越，为人类文明作出应有的贡献，便无从谈起。

今天全社会倡导的素质教育的核心不是分数，不是应试，而是创新精神和创造能力。创造力是指产生新思想、新发现，创造新事物的一种能力；是人类智慧的表现和人类文明的动力源泉，是“一流人才”还是“三流人才”的分水岭；创造力是一项综合性的能力，是知识、智力、能力和优良的个性品质的综合结果。它与一个人的想象力、思维能力和个性特征关系非常密切。从小培养孩子的创造力应成为当代父母一项富有远见的事业。一个孩子的创造思维应从小进行培养。

在犊犊的床头上放着一只小闹钟，每天发出“嘀嗒嘀嗒”的声音。犊犊问妈妈：“这是什么声音?”妈妈笑着告诉他：“这是时间老人的脚步声，每走一步就是一个‘嘀嗒’。”犊犊听了，真想与时间老人说说话，想看看时间老人与圣诞老人的模样有什么不一样。

有一天，妈妈不在家，犊犊独自一人，突发奇想：把小闹钟的后盖打开来，他想见见这位时间老人，问问他要不要吃块巧克力，还有饼干和苹果。妈妈回来了，小闹钟被犊犊“解体”了，再也不会“嘀嗒”了，妈妈没有责怪犊犊，而是和他一起探讨闹钟的每一个齿轮，每个齿轮外圈分别有几个牙齿，它是如何转动？如何发出报时的铃声……其实，犊犊对闹钟的好奇探究，这本身就是创造的萌芽。他的妈妈理解孩子的需求，并与孩子一起“玩”，为孩子的创造天赋提供平台，让其天赋充分表现出来。

我的小外孙犊犊有很多玩具，几乎可以开个小小的玩具店，从大大小小的汽车到各种型号各种颜色的积木，如果把一辆辆火车、轿车、卡车、公共汽车、救火车、工程车、大吊车排成队，那么家中的客厅几乎成了停车场。

那天犊犊在客厅里玩，用一块块积木搭起了红绿灯、高架桥，他告诉我：“这是内环线，那是1号线地铁，那是2号线地铁，这是人民广场，这里1号线和2号线可以换乘车……”他一边说，一边让他的汽车爬上了“高架”。“不好了，高架出口处的红灯亮了。”一边说着一边把一块红的积木放到“信号灯”上。“高架内环线”上排满了大大小小的汽车。“堵车了！堵车了！”犊犊高声叫着。突然，他吹起了哨子，我问他：“为什么吹哨子？”他说：“我是人民警察，再不指挥交通不行了。”

玩是孩子学习的需要，玩具是孩子永不厌倦的伙伴，如何让孩子玩？变着花样去玩，不仅玩得开心，而且要玩得有创造性。在玩的过程中，作为孩子的父母，不需过多地干预和限制，如果能弯下身段，参与其中，与孩子一起玩，成为孩子玩的伙伴和参谋。有的时候，孩子好奇心会把玩具拆坏了，也并非是一件坏事，如果我们因势利导，让孩子自己动手拆，自己装，自己修，既可满足孩子的好奇心，又可以培养孩子的创造精神。

如何培养孩子的创造力和创新精神呢？

（1）学会打破思维定式。

生活中的经验，常常会束缚一个人的思维创新。例如切苹果，竖切下去，其竖切面是什么呢？如同人左右心房一样的图案。如果换一种切法，横切开来，图案变了，成了一颗“五角星”！这样的有趣事，生活中处处皆有：切西瓜，切藕，切蕃茄……

（2）满足孩子的好奇心。

孩子不管走到哪里看到什么，都会提出许多“为什么”。家长应不厌其烦，满足孩子的需求。有一段时间，犊犊对太阳下的影子产生了兴趣，我会和他一起，站在太阳下，比比谁的影子长，谁的影子短，从早上的影子到中午的影子，为什么由长变短了？一次，我拿了一只放大镜把太阳光聚焦到一根火柴头上，火柴燃烧了，他的好奇心得到了极大的满足。

（3）让孩子懂得答案不止一个。

他懂得交通规则中有一条，车辆靠右行。行人走人行道也得靠右行。但我也告诉犊犊说在英国，汽车是靠左开的，汽车的方向盘是安装在右边的。

一次去中山公园，我问犊犊：“去中山公园坐什么车？”“地铁 3 号线。”“还有呢？”“地铁 4 号线。”“还有呢？”“到人民广场转 2 号线。”“还有呢？”“多着呢，我们开私家车去，步行，骑自行车……”家里买了一条鲫鱼，外婆问犊犊：“鱼有几种烧法？”“红烧。”“还有呢？”“清蒸。”“第三、第四种方法呢？”“烧汤，油炸都行。”因此，发散思维的训练应从生活实际出发，多角度思考问题是培养创造能力的前提。

（4）让孩子异想天开。

作为孩子的家长不仅要允许孩子“异想天开”，而且应和孩子一起“异想天开”，不怕做不到，就怕想不到。每当我们带犊犊外出旅游，坐飞机去烟台，去北京，去内蒙古，去厦门，正是孩子发挥“异想天开”最好的时机：面对大海，他想潜入海底，训练每条鱼儿排起队伍，听从他的指挥。坐在飞机上，透过机窗，看见外面蓝天白云，他想：如果能用一根绳子，把一朵朵白云扎起来，像节日的气球一样，带回家，挂在自己的床头，那一定很美！

（5）家庭要有民主的氛围。

家长在孩子面前不能居高临下，不能以“听话”评判孩子的好坏，更不能以家长的好恶来扼杀孩子创造的萌芽。如果家里来了客人，可以让孩子来接待，家中讨论什么问题，允许孩子参与并发表幼稚的见解和看法，允许孩子有不同想法、不同意见，要鼓励孩子把自己不同想法说出来，积极地为他提供尝试实践的平台。就是失败，也是一种学习和锻炼。家长要成为孩子创新精神的保护神，学校、家庭、社会要成为孩子发挥创造力的新天地。

第21招

播撒审美力的种子

犊犊长着一对美丽的大眼睛，长长的睫毛，乌黑的眼珠，一闪一闪的，眨起眼睛，可爱而动人。说起犊犊的嘴巴，却有一点儿翘，绝对没眼睛那么美。然而，他爱笑，咧嘴微微一笑，像一朵花。每逢拍照，他学会用微笑面对照相机。在家中的玻璃板下，压得最多的是他那各种各样的笑脸。

犊犊虽然只有 3 岁，但天生爱美，真可谓：爱美之心，人皆有之。有一天，外婆外出赴宴，临行前，对着镜子为自己打扮，犊犊见了，挑了一条白色的珍珠项链，戴在自己的头上，对着镜子自我欣赏，甚至，第二天，还想戴着它去幼儿园。我对他说：“你是男孩子，项链是女孩子戴的。”这才放下。

列夫·托尔斯泰说：“我觉得人的美貌就在于一笑。如果这一笑增加了脸上的魅力，这脸就是美的。”心理学家研究表明：人的面部表情可影响人的情绪，你微笑，心里是平和愉悦的。每个人都热爱大自然之美，而每个人最美的时候是他在发出微笑的时候——不管是男人还是女人，是孩子还是大人，无一人例外。如果一个人不会微笑，不管是大人，还是孩子，与一个人不能看见、不能听见、不会说话、不会走路都是同样不幸的。

乐观是健康的性格之美，微笑是乐观心态的外在体现。如何让孩子的生活天天充满阳光，让他的生活与学习，与自信、快乐携手，教会他与小朋友友好和谐相处。应该从小教会孩子欣赏美、创造美做起。罗丹说："美是到处都有的，对于我们的眼睛不是缺少美，而是缺少发现。"

于是，我在与外孙相处过程中，寻找美、发现美就成了我们永恒的话题。在小区的林间小道寻找春天的踪迹；全家去厦门鼓浪屿，聆听钢琴乐曲的旋律；去普吉岛沙滩，追逐浪花，与海鸥对话；去北京的"鸟巢"感受"我和你，心连心，同住地球村……"自豪与兴奋。当然，等他长大，我会带他去美术馆，去上海大剧院，去上海音乐厅，去东方艺术中心，去儿童博物馆，去感受艺术之美，享受生活之美。

"六·一"儿童节那天，幼儿园举行"环保服装秀比赛"。我和犊犊利用放学后的时间，在小区的树丛中、草坪上，捡枯黄的树叶：有扇子状的银杏叶；有手掌状的枫叶；有纺锤状的广玉兰叶；有蒲扇状芭蕉叶……我们用各种树叶为犊犊制作了一件"环保服"。不同的树叶，形成各种图案，不同的色彩：红、黄、紫、蓝、绿……穿在犊犊身上，美极了！

俄国文学家契诃夫说：一个人，只有他身上的一切——他的容貌、他的衣服、他的灵魂和他的思想——全是美的，才能算完美。

从小培养孩子树立四美观念——心灵美、语言美、行为美、仪表美；让孩子懂得什么是美的，什么是丑的，我们应该告诉孩子什么？

（1）诚实是美的，勇于承认并改正错误是美的；

（2）谦虚是美的，向周围小朋友学习是美的；

（3）诚信是美的，答应的事一定要做到是美的；

（4）节约是美的，不浪费粮食，吃饭不剩饭是美的；

（5）团结友爱是美的，小朋友之间相互谦让是美的；

（6）讲礼貌是美的，见到老师、长辈主动问好是美的；

（7）讲卫生是美的，不乱抛纸屑，经常洗手是美的；

（8）讲整洁是美的，把玩具整理得整整齐齐是美的；

（9）遵守纪律是美的，按时入睡、按时起床也是美的；

（10）勇敢是美的，跌倒了，自己爬起来，不哭是美的；生病了，吃药打针不哭鼻子也是美的。

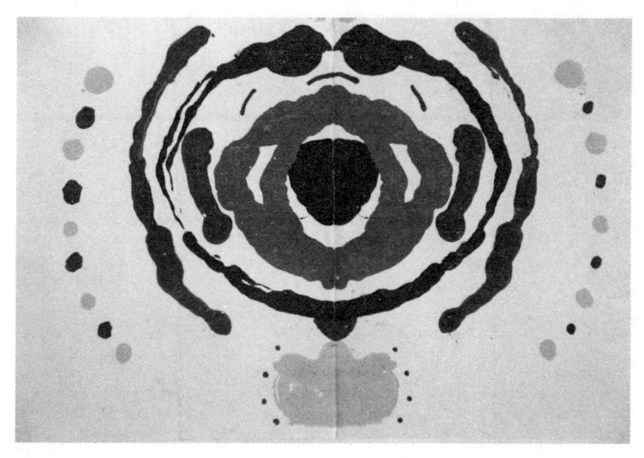

祖辈的“三大纪律、八项注意”

第22招

祖辈和父辈步伐要整齐

哭，既是孩子的一张情绪表，又是与父母较量的“法宝”。我家的犊犊同样如此。

吃晚饭之前，有时，他会赖着不肯去洗手，妈妈说：“不洗手，不许吃饭！”他用哭表示反抗。这时，我发现犊犊一边抹着眼泪，一边在我们外公、外婆身上寻找“同盟军”。如果我们的心太软，就会成为他的俘虏：“算了，算了，手别洗了，反正他的手也不是很脏……”如果这样，他妈妈的严格要求立刻成为放任自流，犊犊的良好习惯培养随之也付之东流。

一天，他与爸爸下围棋，尽管他爸饶了两颗子，但是犊犊还是输了。不但输了，而且还哭了，哭得非常伤心。我们听到他的哭声，闻声而去。“犊犊，谁欺侮你了？”外婆疼爱地问，他似乎讨了救兵，哭得更加伤心，眼泪、鼻涕双管齐下。“输了要哭的孩子，今后谁也不会喜欢与他玩！”他妈妈发话了。我立马呼应：“对！输了一盘不要紧，再来一盘吧！”我们全家都站在他妈妈一边，犊犊知道已无“防空洞”可钻，哭声也就渐渐平息了。

面对活泼可爱的孩子，你该如何欣赏夸奖？面对调皮淘气的孙辈，你该如何调教引导？三代同堂，面对父辈对孙辈的教育甚至惩罚，对每个祖辈，都是一场严肃的考试。是积极呼应，火上加油？还是回避沉默，消极对抗？祖辈的每一句话，脸上的每个表情，其实都是不同的教育观念、不同的教育方法的反映。甚至还有这样的祖辈，大言不惭地站在父辈教育的对立面。父亲要教育惩罚孩子，他竟冲着自己的儿子说："你要骂就骂我！你要打就打我！不许碰我的孙子一根毫毛！"也有祖辈为了心甘情愿给孙辈做挡箭牌，当着孩子的面责问自己儿子："你现在一本正经当爸了，当年你小的时候比他还要调皮呢！"

祖辈和父辈由于年龄的差异，文化背景的不同，其教育观念和方法不可能完全一致。这种代沟是客观存在的，但也是可以跨越的。所谓"祖辈和父辈步伐要一致"，首先在教育观念、教育方法上要基本保持一致。只有这样的教育才能达到1+1大于2的效果。

一个健康的家庭不可能没有权威，这个权威，首先是教育的权威。这个权威应该由孩子的爸爸、妈妈来担当，祖辈不应该也不可能去争夺并充当这个教育的权威。一个健康的家庭对孩子只能一个声音，一个标准，一个要求，一个步调。祖辈不可能成为家庭教育的权威，更不应该与儿女争夺"第三代"的教育权，祖辈的声音不应该成为亲子教育的干扰，甚至成为亲子关系的障碍。祖辈只有成为家庭中亲子教育的支持者和协同者，这个家庭才是一个健康的家庭，家庭中每个成员不错位，不越位。为了让祖辈正确定位，担当好这样的角色，我建议：

(1) 祖辈要终身学习，与时俱进，自我改变，改变陈旧的教育观念。

(2) 祖辈要向父辈学习，积极跨越代沟，不能倚老卖老。

(3) 当儿女在对孩子实施正确教育时，祖辈要旗帜鲜明，支持儿女的教育。

(4) 当儿女对孩子实施粗暴教育时，祖辈必须保持冷静，在适当场合适当时机与儿女沟通。

(5) 祖辈在孙辈面前，不说媳妇坏话，不做有损于孩子父母威信的事，不挑拨离间，损害家庭团结。

(6) 祖辈对孙辈教育要里外一致，与孩子父母保持统一。既不当孩子的防空洞，也不把孩子当作自己的出气筒。

第23招

对孙辈要有爱心，更要有狠心

祖辈爱孙辈，胜过爱自己。

不管是爷爷、奶奶，还是外公、外婆，每个人的怀里都揣着一颗火热滚烫的爱心。这颗爱心有时会在老人手里变成一块巧克力，变成一只大苹果，变成一只大红包，甚至变成“上九天揽月……”

祖辈的爱心具有孙悟空七十二变的魔法，有时，爱心成了一颗慈悲心，对孙辈的不良行为不舍得阻止；对孙辈的不文明习惯，不敢严肃批评。有时，爱心变成了对孙辈一百个不放心，事事担心，处处包办为孩子操碎心……

在我陪伴犊犊成长过程中，记得有这么一件事：在幼儿园中班的一段时间里，犊犊每天吃晚饭，经常漫不经心，甚至离开饭桌，去玩他心爱的玩具。为了纠正他这个不良习惯，他妈多次告诫他：“如果今后再有这种情况发生，我们就取消你吃饭的资格。”其实，妈妈这句话并未在犊犊的心里扎根。

几天后，犊犊老毛病又重犯了，晚餐间隙，他竟离开餐桌去开电视机。十分钟后，待犊犊重新回到餐桌，只见餐桌上空空如也，他的饭碗早已放入洗碗盆。犊犊见状，顿时哇哇大哭：“我要吃饭！我肚子饿！”他妈妈说：“今天晚饭已过了时间，要吃饭只能等到明天吃早饭了。”全家面对孩子的哭声，没有一人为孩子求情，没有一人去破这个规矩，没有一人“菩萨心肠”，更没有一人发出一种抵制正确教育的噪音。晚上八点半，犊犊饿着肚子乖乖入睡。第二天清早，他睁开眼睛第一句话是：“妈妈，我要吃饭，我肚子饿！”妈妈问：“今后还离开座位吗？”“不离开了。”说了也奇怪，这件事以后，犊犊再也没有发生过随便离开餐桌的现象。

祖辈对孙辈的爱心人皆有之，但这种爱，必须是理智的爱，有原则的爱，适度的爱，藏起一半的爱。而不是宠爱、溺爱、让爱泛滥成灾。

如果你看过电影《狼的故事》，你就会明白：为什么母狼这么狠心，要把刚刚断奶的小狼从狼窝里赶出去？如果没有母狼的狠心，小狼永远也不可能长大！动物如此，作为高等动物的人，在他成长过程中，如果祖辈只有爱心，没有狠心，孩子的好习惯难以养成，孩子难以长大成人。今天，被全家爱心淹没的孩子，将来的结果，不是“啃老族”，便是精致的利己主义者。

作为祖辈，如何把握对孙辈爱的“度”，愈是“隔代亲”，愈要藏起一半的爱呢？

（1）学会换个方式爱孩子。爱孩子并非除了物质还是物质，过度的物质享受并非有利孩子健康成长。

（2）对孩子严格要求，其实就是对孩子终身负责的爱。

（3）心甘情愿当保姆，过度包办代替不是爱，而是剥夺孩子成长的权利。

（4）庇护孩子的错误不是爱，对孩子的期望脱离实际不是爱；把孩子的短处与其他小朋友的长处去攀比不是爱；把孩子当作自己私有财产不是爱；以“我为你好”为挡箭牌，一切棍棒教育、心灵伤害更不是爱，在严格要求的前提下的爱才是真正的爱。

第24招

好习惯培养祖辈要身体力行

有这样一位老人，他是我家的邻居。我家在九楼，他家在十楼。儿子在上海开店当老板，买了房子，又生了两个孩子，于是把他们俩老从外地老家接到了上海，一则帮儿子带孩子，另则，让两位老人享受幸福晚年了。

他姓倪，大家都叫他倪古丁。因为我知道他的烟瘾很重，与他说话，一公尺之外就可以从他身上闻到一股浓浓的烟味，他的门牙虽已掉了一个，但余下的，都已焦黄焦黄的了。有时，我看到他站在阳台上抽烟，口中吐着白烟，脸上露出轻松幸福的笑容。一支烟抽完，便很自然把烟蒂往下一扔，有时一阵风吹过，烟蒂就落到我家的阳台上。

一天，我在电梯口等电梯，正巧电梯从十楼下来，门一开，只见嘴里叼着烟，手中抱着刚满周岁的孙子，电梯厢里弥漫着浓浓的烟味。我走进电梯对他说："电梯内是不允许抽烟的。"他虽然说了声"对不起!"，但仍然使劲地把最后几口烟抽完，舍不得浪费，于是，随手便把还在冒烟的烟蒂扔在电梯里，并使劲地用脚去踩了又踩。

第二天，我看见他的老伴正领着他家的大孙女去幼儿园。我们同路走到小区门口，只听见他的大孙女口中正在唱一支歌："路边的野花不要采……"她虽然并不理解这首歌的含意，但一字一句，咬字非常清楚。我好奇地走近她的身边问："这么好听的歌，谁教你的？"小姑娘十分可爱地扬起头，看了看身边的奶奶说："我奶奶教的！"我的心咯噔一下，奶奶的脸上似乎露出很自豪的目光，因为她家的孙女很聪明，真是学什么，会什么；学什么，像什么。

作为祖辈，受儿女之托，天天起早摸黑，给他们带孩子，固然很辛苦。但是，我们带给孩子的究竟是什么？是被动吸烟？是尼古丁？是"儿童不宜"的爱情歌曲？是满口粗话？是不文明的生活习惯？还是……孩子是一张白纸，在这张白纸上我们该画上什么样的图画？家庭是孩子的第一所学校，祖辈也是孩子的第一任教师，我们的一举一动、一言一行对孩子来说都是教育，如果我们稍不留意，祖辈的不良言行会成为孩子的反面教材，孩子成为我们老人的"被动受害者"。

祖辈带"第三代"，一个"带"字，包含着"养"和"育"两大任务。随着孩子一天天长大，"育"比"养"更为重要更为艰巨。我真想对我的邻居说一声，当祖辈的责任不轻啊！今天的时代，不要以为孩子只要吃饱穿暖，我们就已尽责了。其实，除了丰富的物质以外，还应该给孩子提供健康的精神食粮。千万不要把"儿童不宜"的精神垃圾当宝贝，更要警惕各种有形的和无形的"尼古丁"在侵害孩子幼小的心灵，我们老人如果倚老卖老，不与时俱进，不努力改变自己，很容易成为这种“尼古丁”的传播者。

当然，作为每位祖辈，不可能十全十美。由于各人不同文化层次，不同生活环境，不同个人修养，各个家庭之间存在很大差异。如果我们希望自己成为一名称职的爷爷、奶奶、外公、外婆，为了孙辈健康成长，祖辈的自我改变刻不容缓。

如果你的语言不够纯洁、文明，希望你多说文明的话，规范的话，友善的话，感恩的话，欣赏的话，给人以正能量的话。

如果你的行为不够文明，经常随地吐痰、乱抛纸屑，希望你能给孩子一个正面的榜样，有了你的身体力行，孩子才可能在学习模仿中养成好习惯。

如果你目无交通法规，经常穿红灯，不走人行横道线，希望你为了孩子的安全，请你自我改变，做一个遵纪守法的好市民。

如果你至今仍在抽烟，为了孩子的健康，请勿在室内吸烟，请勿让孩子成为你的“被动吸烟者”。

如果你希望着你的孙辈从小爱学习，那么你应做出榜样，终身学习，与时俱进，经常看书读报。

如果你希望你的孙辈从小不挑食，不吃垃圾食品，你必须为他作出榜样，因为孙辈将是你的“复制品”，在他（她）的身上，将打上你行为习惯的“烙印”。

还有多少个如果？如果你是一位对孙辈负责的爷爷、奶奶，都应该把“自我改变”作为自己义不容辞的责任。祖辈怎样才能带好孩子？首先应该把文明和道德带给孩子，这是给孙辈最好的礼物。千教育，万教育，祖辈的身体力行是给第三代最好的教育。

第25招

不要错位，更不要越位

根据来自上海市心理咨询与治疗中心的“问题少年”的报告：少年儿童遇到的成长问题包括学业压力、交往压力以及成长中各种困惑，表现为焦虑障碍、抑郁、睡眠障碍、逃课、偷钱等一连串问题。这些问题又内化为网瘾、毒瘾，外化为打爸妈、打同学、炮制校园欺凌事件。前者是伤害自己，后者是伤害他人。

其实，问题在孩子，根子在家庭。孩子成了问题家庭的“替罪羊”、“受害者”。在这些问题家庭中，其中就有祖辈的错位与越位，过度介入孙辈教育，使爸爸妈妈在家庭中的地位丢失了，亲子教育功能被排挤了，爷爷、奶奶成了家庭教育的权威，成了“第一责任人”。

有的老人把孙辈当作自己儿子、女儿来带，无视孩子爸妈的存在，自己被孙辈牵着鼻子走，成为孩子任性、蛮横的防空洞。有这么一位爷爷，事事都与自己儿子、媳妇唱对台戏，在家庭教育上，他成了至高无上的权威，也成了孙子无法无天的“保护神”。

一天，孙子在他妈妈面前吵着要买一个上千元的乐高，妈妈说：“买乐高是可以的，但必须答应我一个条件，从明天起，在幼儿园要遵守纪律，积极举手发言，争取多拿五角星。如果你能拿到十个五角星，妈就带你去买你喜欢的乐高……”孩子妈的话音刚落，这位爷爷从房间跳出来，对孙子说：“爷爷有钱，一千元算什么，现在我们就去买！”这位爷爷似乎很牛，但把家庭搞乱了，把教育搞砸了，把孙子教坏了，后果不堪设想。

家庭其实也是一盘棋，爷爷不过是棋盘上的一个“子”，每个子都应该各就各位，不能乱来，不能错位，不能越位。那么，祖辈怎样才能不错位不越位呢？

(1) 孩子不是父母的私有财产，也不是祖辈感情永恒的专利，只是生命过程中一场深厚的缘分。

(2) 祖辈在家庭教育中只能当配角，不应该也可能担当主角。

(3) 亲子教育是父母义不容辞的责任，是祖辈无法替代的。如果孩子只有祖辈教育而缺少父母教育，这种教育是畸形的教育。

(4) 祖辈要和儿女形成合力，要向年轻人学习家庭教育新观念、新方法。

(5) 孩子在天天长大，祖辈要学会得体地退出，有利于孩子独立。其实，祖辈教育也有保质期。

第26招

不要倚老卖老

已经升格为爷爷奶奶的老人，有时候喜欢“倚老卖老”，他们每人似乎还有点儿卖老的“资本”。有的老人说：“带孩子这事，对我来说，不过小菜一碟。我生了五个儿女，不都是我一手带大的？个个都大学毕业!”脸上有点儿洋洋得意。也有的老人喜欢搬出老皇历，炫耀自己曾经的辉煌历史。

老人为什么要卖老？是否想争夺在儿女家中家庭教育的领导地位？想当“三代同堂大家庭”的老大？想凌驾孩子父母之上成为家中的权威？

其实，在知识爆炸的信息时代，我们老人拥有的知识和经验，很多已经老化，如果我们不再与时俱进，终身学习，我们已难以适应现代社会的教与育。老人养育“第三代”其实并非我们的正业，我们养儿育女的任务早已完成，儿女的责任是其他人无法替代的。祖辈的倚老卖老，必然会排挤儿女在家庭教育中的地位和作用，使家庭功能乱套，家庭成员不能发挥各自的功能。

祖辈“倚老卖老”的深层次原因，是老人心理上“丧失自我”。

当前，正处在养育“第三代”的老人绝大部分是60后，他们是“文化大革命”的一代，又是上山下乡插队落户的一代。他们本身受教育程度有限，自我意识较弱。我想：与其在儿女面前倚老卖老，成为井底之蛙，还不如跳出井台，看看井外的世界是多么精彩。

对我们老人而言，“老”不过只是年龄每年的叠加，更不是骄傲的资本。相反，不应让年龄成为我们终身学习的绊脚石，向自己的儿辈学习，向自己的孙辈学习。从某种意义上说，孩子是我们的老师，他们来到这个世界，督促我们把自己从前空白的功课补上。我们是孩子第一任教师，教育者首先应该带头受教育。如果我们祖辈处理不了与自己的关系、与家庭其他成员的关系，怎么处理好与孙辈的关系？如果我们对这个世界不再好奇好学，怎么可能留住孙辈与生俱来的对知识的渴求与好奇。

其实，祖辈教育有其利，必有其弊。如果祖辈倚老卖老，教育必然弊大于利。以陈旧的教育观念为资本，倚老卖老，又不能终身学习的祖辈，难以成为孩子欢迎的玩伴，也难以胜任家庭教育的配角。

是否能“与时俱进，终身学习”是传统老人与现代老人的分水岭。“倚老卖老”让人夜郎自大，固步自封，难以跟上时代步伐，也无法担当起教育“第三代”的家庭重任。

第27招

不要剥夺孩子成长的权利

每个孩子都经历了一场从婴儿到幼儿、从儿童到少年的成长过程。如同俄罗斯的套娃，最里头一层是在母亲的子宫里；出生后，在母亲的怀抱里；等会走路了，就在母亲周围玩耍；然后进入幼儿园、学校、社会……他活动的圈子越来越大。

我们祖辈有幸与孙辈在他成长的道路上一起同行。我对我的犊犊说："你 3 岁，我也 3 岁，我们一起成长。你给我童心，我是你的玩伴。"我参与了孩子成长过程中的快乐与烦恼，这种参与，既充实了我的晚年生活，也解决了子女的后顾之忧。

孩子成长的过程是从百分之百的依赖、到部分依赖、部分独立到全部独立的过程。作为养育者，或父母，或祖辈，也必然经历从对孩子完全保护、局部保护到完全放手，让孩子走向自力的过程。教育的最终目的是让孩子完全断奶，真正走向独立。亲子关系、祖孙关系不是永恒的占有，因为孩子不是我们的私有财产，更不是我们思想的"克隆"。如果我们的孩子永远长不大，或者成了"啃老族"，那才是家庭的悲剧。

有一位五年级小学生，他的爷爷、奶奶至今还叫他为"囡囡”，可见祖辈对他是多么宝贝和宠爱！有一次上课，他竟把大便拉在裤子上。后来他理直气壮地对老师说：“每次大便，都是奶奶给我擦屁股的。所以在学校只好把大便拉在裤子上了。”囡囡从小就在祖辈双重保护之中长大，生活中的一切均由爷爷、奶奶代劳。玩具玩完了，由奶奶整理放回原处；鞋带松了，由奶奶代系；进了小学，每天书包由奶奶代为整理，甚至洗澡也要由爷爷代劳……祖辈的过度保护、包办代替扼杀了孩子的生存能力，说到底，爷爷奶奶剥夺了孩子成长的权利，不仅伤害了他的今天，更毁了他的将来。

从孩子学会爬行、第一次学会走路、第一次学会自己吃饭、第一次学会写字、第一次学会扫地、第一次学会烧菜煮饭……都离不开孩子亲自实践。如果我们祖辈永远不放心、不舍得放手，孩子永远离不开老人这根“拐杖”，孩子永远也无法自力于社会。因此，孩子成长的过程，是逐步走向独立的过程，更是祖辈逐步学会放手的过程。成长是孩子的一种权利，是生命发展的规律，我们只有维护这种权利，尊重这种规律，才是对孩子真正的爱护。

为了维护孩子成长的权利，我们建议：

(1) 不要用凝固的目光来看待孩子，孩子现在是小人，但终将长大成人，这是不可抗拒的规律。

(2) 凡是孩子可以自己动手完成的事，祖辈不要去包办代替，因为祖辈不可能替代孩子的成长。

（3）某种角度来看，对孩子生存能力的培养比分数更为重要。

（4）祖辈的角色不是保姆，而是家庭生活的顾问，走向社会的指导者和引领者。

第28招

不要过早让孩子玩手机

不管我们走到哪里，在地铁车厢，在小区绿地，我们经常看到很多尚未入学的儿童已把祖辈的手机捧在手里，很专注地玩里面的游戏。也有祖辈把手机当作“灵丹妙药”，只要孩子一哭一闹，便把自己的手机塞到孩子的小手中，孩子立刻恢复了平静。

很多家庭，手机已成为父母与孩子沟通的“第三者”，在休闲时间，父母不是在给孩子讲故事，做亲子游戏，而是每人一只手机或者平板电脑，各人玩各人的网络游戏。

今天的儿童过早接触手机，会对孩子的健康和成长带来哪些影响呢？英国《微波理论与技术》期刊研究显示，儿童颅骨厚度显著低于成人，对辐射的吸收率明显高于成人。孩子的神经系统正处于发育阶段，受到的潜在威胁更大。法国克莱蒙·费朗大学一项测试表明，儿童使用手机时，大脑对手机电磁波的吸收量要比成人多60%。近期，英国《每日邮报》更撰文指出，儿童用手机会造成记忆力衰退、睡眠紊乱等健康问题。英国华威大学的杰勒德·凯都博士警告说，手机辐射会破坏孩子神经系统的正常功能，从而引起记忆力衰退、头痛、睡眠不好等一系列问题。影响生长发育。大剂量的电磁不仅对儿童的生长发育不利，还会带来诸如哮喘、白血病之类的疾病。

北京儿童医院新生儿专业专家任仪逊介绍，儿童正处于生长发育阶段，身体组织中的含水量比成人丰富，而手机微波具有对水分越多的器官伤害越大的特点，因而，微波对人体眼睛的伤害最大。此外，长期发短信还可能导致孩子手指发育畸形；低头玩游戏会对孩子的颈椎带来很大伤害。

学龄前儿童正处于语言发展的关键期，孩子过早过多接触手机，“人机关系”剥夺了孩子与他人面对面交流的机会，不利于孩子与人沟通能力和语言表达能力的提升，容易让孩子变得怯懦、孤独、偏执。加深父母的失控感和亲子之间的隔阂，可能让孩子们更不会对父母讲真心话。

为此，我们建议：

（1）手机不是孩子的玩具，更不是孩子的“电子保姆”。

（2）祖辈在带孩子的时候，尽量不要使用手机。

（3）严格控制孩子玩手机，看电视的时间和频率。

（4）祖辈和父母要做出榜样，在饭桌上，在与孩子活动游戏过程中，不要让手机成为亲子沟通的干扰。

第29招

不要把孩子当宠物养

孩子是什么？有的人把孩子当宠物。因为孩子很好玩，像宠物狗一样，聪明听话，你叫他说什么，他便会说什么，你叫他做什么，他学得一点不走样。

有一天，我在小区里，看见两位老人在逗一个刚刚牙牙学语的小朋友玩，一位老太太说："宝宝，骂他憨大！""憨大憨大！"孩子虽不明白其中的道理，却鹦鹉学舌学得活灵活现。站在一旁的一位老伯伯毫不示弱，立即对小孩说："打她！打这个老太婆！"说时迟，落手快，宝宝当即伸出小手，朝那位老太的脸狠狠地打了她一个巴掌。孩子的天真与可爱，赢得了大家的一片欢笑，都夸奖说："这孩子多聪明！"但谁也没有想到，大人的每一句话却在孩子幼小的心田种上一颗不良的种子。

孩子固然好玩，但绝对不是宠物，他是一个大写的人，尽管孩子还小，但终将长大成人。孩子是一个终将走上社会，成为大写的人，我们必须维护他的尊严，必须保护他的权益。首先，我们要尊重孩子玩的权利，允许他们在地上爬，允许他们玩沙、玩水、玩泥巴，允许他们把衣服弄脏了，允许他们有充裕的户外活动时间，允许他们对玩的各种需求。

我们要尊重孩子吃饭的权利，不强制，不逼迫，不追堵。我们要尊重孩子穿衣的权利，不提供多余的帮助，不强迫孩子过度的打扮，不多穿过分御寒的衣服。我们要尊重孩子的兴趣和爱好，不要用包办替代孩子的需求，不要以“我为你好”为由，主宰孩子的前途和命运。

孩子不是宠物，更不是家长的脸面，作为祖辈和父母，不求孩子十全十美，不要把自己未实现的理想和目标押宝在孩子身上。坚信孩子从出生那天起，就具备独立的人格。祖辈与孙辈不是一种占有，更不是我的私有财产，而是我们生命过程中一场深厚的缘分，是在自我成长、自我改变道路上的一起同行的伙伴。

孩子是什么？从某种意思义上讲，孩子是我们祖辈终身学习的老师。他来到这个世界，督促我们把自己从前空白的课程补上，从三十年前的好爸爸、好妈妈，到如今的好爷爷、好奶奶、好外公、好外婆，我们还有许多东西要学习。

孩子的起跑线在哪里？在我们祖辈的举手投足中；在我们的文明礼仪中；在我们的家风、家规中。祖辈，你正在用自己的言行，给孩子设定着一条人生起跑线。

第30招

不要磨灭孩子的天性

明明这个孩子，虽然只有三岁，总喜欢向爷爷、奶奶提出许多“为什么”：“为什么天会下雨?”“为什么鸟儿会飞上蓝天?”“为什么水中的鱼儿不会淹死?”“蚂蚁有眼睛、鼻子吗?”“蚯蚓是吃泥土长大的吗?”……明明来到这个世界，对这个世界的一切都感到新鲜和好奇。但是，他的爷爷并不了解孩子的天性，每当孩子向他提出一个又一个“为什么”的时候，他总是板起脸说：“烦死了？哪个有那么多的为什么！我不知道！去问你的妈妈!”

其实，好奇心是孩子的天性，对于幼儿来说，一旦面临新奇的、神秘的事物，就会努力去探究其中的奥秘。或用手去摸一摸，或通过问题寻求答案。孩子正是通过这些探究行为，了解周围事物，熟悉这个世界，并积累大量生活经验。作为祖辈或父辈，应当创设满足幼儿好奇心的环境条件，把幼儿的好奇心引向强烈的智力活动。这些探究行为如果能够得到不断的强化与满足，还会逐步内化为孩子个体良好的心理品质。

作为祖辈，虽都曾经有过自己的童年，但随着自己的年龄步入老年，对孩子的天性渐渐地淡忘了，甚至难以理解了。明明自己的孙辈还是小孩，却用大人的标准去要求他们："不许哭！不许闹！不许把新衣服弄脏！"明知自己的孙辈是个男孩，祖辈却用女孩的标准去要求他们：不准打打闹闹：不准调皮捣蛋！不准淘气！不准……

明知自己的孩子还没有进小学学习，我们祖辈已把孩子玩的时间全部占领，从学习英语到学习奥数，从星期六到星期天，孩子几乎没有一点自由活动的空间。

在这里，我们向祖辈们呼吁：孩子不是大人，是小人！是孩子！请尊重孩子的天性。他们天真、活泼、好动、好问，具有好奇心。他们需要玩，玩是他们的权利，玩是他们学习成长的课堂。

如果你的孙辈是个男孩，男孩的天性是淘气，没有女孩那样温文尔雅。我们要包容男孩的天性，不要用女孩的标准去要求他们，只有这样，他们才能具备阳刚之气，才能成为真正的男子汉。

第31招

不要用金钱代替教育

时下流行“家庭教育投资”。说什么“多投资”比“少投资”好，“早投资”比“晚投资”好。这样稍不留心，家庭“教育”异化为家庭“钱育”。

有的家庭，孩子周岁不久，母语刚刚起步，便花上万元学费，将宝宝送进早教机构去学英语。有的孩子还未走进小学的大门，家长为了孩子不要输在起跑线上，双休日竟然让孩子上七个班，从语文、奥数到英语口语……爷爷奶奶说：“孩子的教育是用钱堆出来的。光花在孩子读这读那上，每月就是一个人的全部工资。”

其实，真正意义上的家庭教育是无法用金钱替代的。有的家庭，借口父母工作很忙，用保姆替代亲子教育，用早教机构来替代亲子活动。有人唱：“老师像妈妈……”但老师毕竟不是妈妈，毕竟没有血缘关系，孩子难以感受到母子之间的亲情，难以享受到伟大的母爱。

在家庭教育中，金钱不是万能的，甚至金钱愈多，对孩子的危害愈大。有的家庭对孩子在物质需求上百依百顺，无限制满足，从小让孩子养成了大手大脚，好逸恶劳的大少爷作风；有的家庭用金钱来刺激孩子的考试分数，刺激家务劳动，其结果，从小就让孩子成为“一切向钱看”的利己主义者。

家庭教育不是金钱教育，在家庭教育范畴里，金钱并非万能的。孩子勤俭节约的美德和艰苦奋斗的精神不是靠金钱堆出来的，而是需要这样的一种家风：家庭物质生活改善了，但节约每一度电，节约每一滴水，依然是每个家庭成员的传统美德。

其实，家庭教育是一种家庭文化，家长怎样待人接物？怎样处理人际关系？怎样面对困难挫折？怎样休闲？怎样学习？有的家庭，钱很多，但没有文化。父母从来不看书读报，人与人之间没有亲情，只有金钱的利害冲突。孩子在这样的家庭里得到的是“钱育”，而没有教育。

家庭教育其实是一种家庭的心态。面对当前全民浮躁、全民焦虑的社会，家长是否能依然淡定？对孩子能否耐心等待？学会宽容？能否给孩子一个宽松的家庭学习环境？心态不仅决定家长的命运，而且决定孩子的成败。心态好的家庭，虽然钱不多，但家庭幸福指数却很高；反之，有的家长尽管腰缠万贯，但心态不好，为了赚钱而心神不定，为了孩子分数而焦虑不安，家庭生活哪里还有幸福可言？

第32招

不要相互攀比

玲玲和敏敏都在同一幼儿园上中班，她们又住在同一小区同一幢楼。每天早上，玲玲的奶奶和敏敏的外婆经常结伴一起去幼儿园。因为玲玲喜欢跳舞，也喜欢讲故事，经常在幼儿园的全园活动中参加演出。因此，敏敏的外婆经常在外孙女敏敏面前夸奖玲玲：“看，人家玲玲多聪明，又能讲故事，又会跳舞，真是多才多艺！你呢？什么都不会……”其实，敏敏并不比玲玲逊色，她喜欢游泳，也喜欢跳绳，幼儿园开运动会，她每次都拿奖。

老人与老人在一起交流闲谈，攀比是一个共同话题：“你家孙子读书成绩比我家的好，我家冬冬读书一点也不用功。”“我家外孙调皮，老是坐不住，上课不专心，你家的孩子听话，我看看也喜欢……”很多老人都喜欢把自己孙辈的短处与别人的长处比。愈比，人家的孩子好得不得了，似乎没有一点儿缺点；愈比，自家的孩子这也不行，那也不行，对他的信心也没有了。

其实，孩子与孩子之间不需要攀比，每个孩子有其长，必有其短。没有一个孩子十全十美，也没有一个孩子一无是处。把自己孩子的短处与别人的长处去比，其结果，使自己丧失自信力，使孩子失去自尊心，造成孩子之间的恶性竞争和嫉妒心理。

孩子与孩子之间应倡导相互取长补短，相互学习。如果要攀比，那就应自己与自己比，把自己的今天与昨天比，把孩子的现在与过去比，我们称之为“纵向比较”。从发展的角度，把孩子的今天与昨天比，这样，就比出了孩子前进的方向，比出了孩子每一细小的进步，比出了希望，比出了信心。

王小强在一次数学考试中，考了一个 60 分。家长拿到了他的考卷，与周围同学相互攀比，心里很不高兴。因为这一成绩是班上倒数第三位。但是在家长会上，老师对王小强的数学成绩大大地表扬了一番：因为王小强在这学期第一次消灭了红灯，从上一次考试 51 分上升到 60 分，对他来说，是个了不起的进步，相信他今后再继续努力，一定会有更大的进步。老师的“纵向比较”，增强了王小强的信心，使他看到了自己的希望。

其实，“相互攀比”还是“纵向比较”，不仅仅是两种不同思想方法，更重要的是两种不同的思想观念和教育方法。祖辈只有转变自己的教育观念，才有可能为现代的爷爷、奶奶和外公、外婆。

让“三开”阳光洒进老人心灵

第33招

主人+客人+仆人

在我家居住的小区里，有一座儿童乐园，这里有滑梯和翘翘板……还有供孩子玩沙的圆圆的“沙坑”。这里是孩子们游戏快乐的天地，也是带领孩子的爷爷奶奶、外公外婆们“谈论家常”的聚集地。

有一天，一位姓钱的爷爷正在与三位老人讨论一个有趣的问题。他说：我当爷爷已有7年历史，孙子已进小学，在这里可算得上够“资深”了。但有一个问题想不通，我们这批从岗位上退下来的人，退休前，在单位里至少还是一个“官”，手下指挥上百人。今天老了，在单位里下岗，到了儿子家，又重新上岗。

在儿子家里，我们是主人？不是！儿子家里的事我们不能当家作主，老头、老太太的话说了不能算数，连鸡毛蒜皮的事也得听儿媳的！

我们是客人？也不是！是客人可以饭来张口、衣来伸手，我们“买汰烧”（上海俗语即洗衣、买菜、做饭等），样样都得干。

是仆人？更不是！我们每个月付出了劳动，却没有一分钱工资，甚至还倒贴退休金，给孙子买这买那……

不是主人！不是客人！也不是仆人！那么算什么人？老人的话语里带有一点牢骚，当然也充满了幽默，周围老人听了，颇有同感，不时发出一阵会心的笑声。

“是主人、是客人，也是仆人!”我说：“不管是做爷爷奶奶，还是当外公外婆，都有酸甜苦辣，各种味儿都尝一点，才能体验生活的丰富多彩！其实，隔代，一个是黎明，一个是黄昏；一个是朝阳，一个是夕阳，是人生的两端，是生命的两极；在日出日落时分，去完成人类生命的交接，我们是主人，不仅是社会的主人，更是家庭的主人，只有以主人翁的精神，才能享受这‘儿孙绕膝’的天伦之乐；我们是客人，教育第三代，我们祖辈无法取代他们的父母，我们只能是配角，绝对不应该也不可能充当主角。”

在现代教育的观念上，不可避免地受到传统观念的束缚，我们不能倚老卖老。好比在足球场上，每个队员各就各位，不能越位，更不能错位！更不能剥夺孩子父母对自己儿女的教育权！如果说我们是仆人——为了第三代健康成长，我们俯首甘为孺子牛！在传递接力棒的人生赛场上，自己虽已退出了接力赛，但还想陪着跑一阵；虽已淡泊名利，但深深感到这是一种神圣的历史使命，是不可推辞的社会责任，这也是一种金钱难买的幸福！

第34招

开心！开明！开窍！

今天，随着社会飞速发展，第一代独生子女已成为第二代独生子女的爸爸妈妈，祖辈养育第三代已成为我国不可忽视的一种社会现象。

据调查显示：上海市祖辈参与孙辈养育已占全市家庭的88.9%，当然，每个家庭参与模式各不相同，有早送夜接模式，占47%；有全天候模式，占31%；有日进夜出模式，占4%；有其他模式，占16%。

不管爷爷奶奶，还是外公外婆，一旦进入角色，既为自己升格为祖辈而激动兴奋，当然个个都能从自己的切身体验说出自己开心的理由，其中包括：享受了天伦之乐；丰富了生活内容；看到孙辈一天天健康成长，活泼可爱；也为子女排忧解难，分挑家庭重担；体现了自身价值。但时间长了，烦心的事又不可避免，其中包括：自己年老体衰，精力不济；老人的教育观念毕竟陈旧，又缺少科学的教养方法；新旧观念难免会发生碰撞，与子女又难以沟通与协调；本人又没有自由空间，甚至还有被“套牢”的感觉。

我们每位老年朋友都应争当现代的“三开”爷爷奶奶，何谓“三开”?

第一是“开心”。

我们要笑口常开，快乐生活每一天。在享受天伦之乐中，感受生活的乐趣。开心是一种阳光的心态，有了好心态，才能快乐生活每一天。

第二是“开明”。

祖辈要自知之明：祖辈教育有很多弊端，老人受传统观念束缚，接受新观念新事物比年轻人慢；在教育观念上经常会发生两代人之间的碰撞与冲突；在处理“养与教”的关系上，“重养轻教”，甚至“只养不教”，老人对第三代教育最突出的问题是百依百顺、限制保护、倚老卖老、错位越位。祖辈要向小辈学习，要跨越“代沟”，两代人之间要多沟通，多理解，多包容，才能和谐相处，相互尊重。

第三是“开窍”。

如何才能使自己开窍？在终身学习，不断充电中开窍；在向年轻人学习中，在跨越代沟中开窍；教养孙辈绝非是一件简单的事，百依百顺不行，过度保护不行。只有学习，掌握教育的规律，才能成为孩子健康成长的“引领者”。充分发挥自己作为孙辈的榜样的示范作用；在儿女养育孩子的过程中，自己要发挥好辅助配角作用，不越俎代庖；向自己的下一代学习，不断学习，不断成长。

第35招

三支"温度计"

为了使每位老人都能成为"开心、开明、开窍"的爷爷奶奶、外公外婆，我要送给各位三支"温度计"："身体温度计""情绪温度计""信念温度计"。

第一要用"身体温度计"。

测量自己的体温：37℃，愿大家都有一个健康的身体。就如大家所说：一个中心，以健康为中心。

第二要用"情绪温度计"。

只要有一个健康平和的心态，不要浮躁，不要焦虑，不要抱怨，天天有个好心情。快乐生活每一天，用微笑去面对生活的烦恼。微笑是自己心灵盛开的一朵鲜花，微笑也是自己送给儿孙们最好的礼物，微笑可以延缓衰老，微笑可以使自己更加年轻！

第三要用"信念温度计"。

让我们用真诚的、积极的、善良的、美好的心态去看待世界，看待社会，看待家庭，看待自己。你就会发现：人类社会是美好的、光明的，人与人之间是友善的，家庭是温馨的，我们的下一代是充满希望的！

你应该相信你的第三代是最棒的，以我们坚定的信念，给孩子打下人生“自信、自强”的基石。用我们的眼睛，敏锐地去捕捉、去发现、去欣赏、去激励孩子每一个细小的进步和成长，我们要当好“啦啦队”，为孩子的成长喊“加油”。即使孩子在成长的跑道上摔了一跤，或者在人生的起跑线上有点儿“掉队”，我们仍然有坚定的信念：孩子一定会后来居上！

每天用一用三支“温度计”，老人的精神状态不一样，对第三代欣赏与激励的意识不一样，当然，自己生活的质量更不一样。如果我们每个老人心里装着“三支温度计”，他一定开心、开明、开窍！哪个家庭如果有一位“三开”老人，这个家庭一定会更和谐、更温馨！

第36招

有“进”有“退”

在孩子每天生活中，面对的是与父母交流的“亲子关系”和与外公外婆相处的“祖孙关系”。从时间段分析，也许他的爸爸妈妈每天早出晚归，白天 12 个小时基本上与我们“相依为命”。但是，父母与孩子的亲情，是我们无法取代的。在孩子的成长过程中，父母对孩子之爱，孩子对父母之爱，既不可剥夺，又不可缺少。

祖辈时时处处干预父辈对其子女的教育，以教育者自居，甚至在孩子面前，不能正确定位，以致错位、越位，树立自己的个人权威，使孩子对父母的依恋感和安全感受到削弱，从而使自己成为亲子关系中的“依恋障碍”。

有的老人对“第三代”的养育真的非常投入，也非常辛劳，他们对我这么说：“我们等于又生了一个小儿子。”白天孙子与老人一起生活，晚上与他们一起睡觉，可谓“全天候服务”。孩子难得有机会见到父母，父母也没有时间与孩子沟通、交流，分享亲情的快乐。

也许会有这一天：孩子见到外公外婆、爷爷奶奶叫“爸爸妈妈”，面对邻居们的提问，孩子会不假思索地回答：“外公好！外婆好！外公外婆比爸爸妈妈好！”到那时，孩子真正见到了自己的父母也许会很冷漠，亲子之间也许已难以沟通，甚至“话不投机半句多”。这时，在亲子之间已经产生了一道厚厚的“隔膜”，隔膜的制造者是谁？外公外婆？爷爷奶奶？爸爸妈妈？如果这样，岂非是“孙辈教育”的悲哀？作为祖辈的我们还有什么值得欣慰的呢？作为孩子的父母是否会后悔莫及呢？

作为祖辈，应该懂得“进与退”。该进的时候，必须进，该退的时候，学会得体地退出，因为祖孙关系不是一种永恒的占有，不过是生命中一场深厚的缘分。祖辈教育也会有保质期，孩子的独立不可抗拒，祖孙的分离既有利于孙辈早日长大成人，更有利于祖辈拥有自己独立的生活空间。祖辈得体的退出，既是一种教育智慧，更是老人的阳光心态和广阔胸怀。

第37招

“两难”不难

犊犊马上要进幼儿园了，至今，每顿饭还要妈妈喂！你不喂，他不吃；你喂多少，他吃多少。看来，吃饭是一件小事，但在我们家里，却成了一桩繁难的大事。怎么办？为此召开家庭会议，寻找对策。我说：“其实这是很简单的一件小事。只要全家统一思想，统一行动，定下一个规矩：自己吃饭，谁也不喂，饿他三顿，看他吃不吃？”我的观点，看似简单，但在他爸爸妈妈、外婆心中却成了两难问题：一顿饭不吃，会不会饿出胃病？两顿饭不吃，会不会饿坏身子？三顿饭不吃，会不会……？

这就是生活中的“两难问题”。

我认为：孩子一两顿饭不吃，不会怎么样。

其实，孩子身上坏习惯的养成往往是生活中一件件小事迁就放任的结果，而一个好习惯好品质的培养，也常常是日常一件件小事的积淀。为什么家庭教育会成为失败的教育？其主要原因：面对很多“两难问题”，缺少决断，缺少勇气，缺少自信！

何为“两难问题”?

在家庭教育中，每一种教育行为、教育对策、教育环境，总有其对立统一的两重性，有其得必有其失，有其利必有其弊。作为孩子的监护人及教育者，面对一个个“两难问题”，必须权衡得失，从有利于孩子身心发展、健康成长的人才观出发，作出正确的选择。不要抓了芝麻，丢了西瓜！看似“爱孩子”，其结果是“害孩子”。

大家都知道：鼓励孩子积极参加体育锻炼和户外活动，具有“增强体质”和“增加活动中事故与伤害的概率”的两重性，我想：我们面对这类“两难问题”，绝对不会因为害怕孩子在运动中受伤骨折，而“选择”整天将孩子关在房间里，远离体育运动。

有一次，我的外孙在小区被一位小朋友欺侮了。事情是这样的：在儿童乐园里，犊犊把自己的小足球与小朋友们一起玩耍，几分钟后，他对小足球已玩腻了，发现路边有一辆很豪华的“小汽车”，汽车的主人正是曾与自己一起“踢”球的小朋友，他想：如果能坐在这辆汽车上面一定好神气！

犊犊被小汽车吸引住了，他好奇地去按汽车喇叭，冷不防汽车的小主人出现了，他用自己的小拳头，向犊犊打过来，而且把他推倒在地，犊犊哭了，哭得很伤心。这时，面对这种情景，我也很痛心：这也是一个“两难问题”：小朋友要不要友爱？要不要学会分享？要不要相互帮助？如果这样，会不会太老实而受人欺侮？我们的期望目标：老实但不软弱，勇敢而不霸道！如果这样，我应该大声对孩子说：你不能欺侮小朋友，但如果有小朋友要欺侮你，你应该大胆地对他说：“如果你敢打我，我的拳头决不会饶你！”

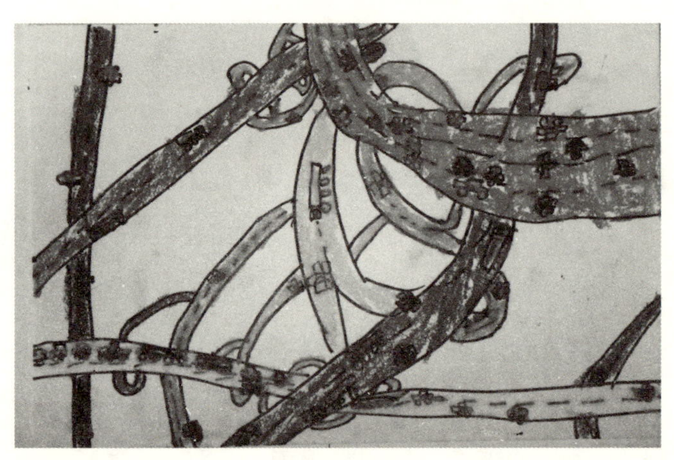

第38招

向孙辈学习

我担心会有这一天：我已经没有资格教育我的小外孙了！小外孙一天一个样，天天在成长，他的心智天天在发展成熟，他的肌体天天在发育长高。而我呢？是与他一起成长呢？还是在吃老本，在停滞不前？

如果把孩子比作一本书，一天一页，一月一节，一年一章，这是值得我们父辈、祖辈去细细品读的一本书。如果我们连这本书也读不懂，有什么资格、能力和水平去教育我们的第二代、第三代呢？

我总是这样提醒自己：让我与孩子一起成长，他3岁，我也3岁；他10岁，我也10岁；如何做外公，我只能从零岁开始。我做过爸爸，但从来没有做过外公，一切都要从零开始，我必须学习，与他一起学习，向他学习，相互学习。

什么是成长？成长就是终身学习，就是自我充电，就是自我完善。星期天，我会带小外孙去书店，会毫不吝惜地给他买一大堆书：《安徒生童话》《365个夜》《儿歌100首》《黑猫警长》等。如果我们期望孩子爱书，爱读书，首先让我们自己带头爱书，读书。每天我会坐在孩子旁边，让我捧着书，让孩子听我给他读书中有趣的故事，拉着他的手，走进神奇的童话世界。

成长就是自我改变，自我超越。可以这么说：孩子身上的坏习惯，无不打上家庭的烙印，无不是家长身上问题的投射。你教育孩子不睡懒觉吗？你自己首先要带头做到，你要孩子不随地乱抛纸屑吗？你自己必须身体力行！也许这种坏习惯在你的身上已经“延续”了几十年，也许要改变一个坏习惯非常痛苦，甚至要来个“脱胎换骨”，但为了孩子的健康成长，你必须自我改变。不改变自我，最终也无法改变孩子，不完善自我，最终也无法让孩子走向完美！

小外孙 3 岁了，我也 3 岁了，做了 3 年外公的我，应该有这样的心态：阳光，年轻，快乐，与我的外孙一起成长！

第39招

当好“配角”

去年，唐爷爷的儿媳生了一对双胞胎，全家真是特别高兴，两亲家对小宝宝喜欢有加。为了满足两亲家对第三代的亲情，也为了给自己儿子媳妇彻底“减负”，决定将这对双胞胎“一分为二”异地喂养，老大全托给浦东的外公、外婆；老二寄养在宝山的爷爷、奶奶家，每隔一个月才回家与爸妈团圆一次，身为一双儿女的父母反倒一身轻松，仍过着小夫妻新婚期的悠闲生活。而身为双胞胎的爷爷奶奶、外公外婆全身心地进入角色，不管白天黑夜，围着孩子的“吃喝拉撒”转，用他们的话说：如同自己又多添了一个小儿子、小女儿……

由于生活压力和社会竞争，年轻的母亲不可能全部成为全职妈妈，祖辈参与孙辈养育必然成为一种社会现象。但祖辈教育在孩子的成长过程中，与亲子教育相比，毕竟是一个配角，他们不可能也不应该取代父母对儿女的亲子教育。

父母与孩子是以血缘为纽带的亲子关系，是谁也无法替代的一种教育责任和义务。孩子对父母的依恋感和安全感是一种天然的情感关系，也是谁也无法取而代之的。祖辈对孙辈的教育不应该也不可能取代父辈的教育。隔代教育的进入与参与，并不意味着父母责任因此可以豁免；如果把对孩子的教育权、抚养权双手推给老人，这是对孩子成长绝对不负责任的表现。

祖辈教育固然有其时间和空间上的优势，但在教育观念和教育方法上难以摆脱传统思想观念的束缚，在“人才观”“教育观”和“亲子观”上难以适应现代社会的需求。在家庭生活中，祖辈对孩子过度限制和保护，处处百依百顺、迁就、溺爱，心甘情愿成为孩子的“防空洞”，剥夺孩子成长的权利，容易使孩子养成“以我为中心”，磨灭孩子的独立性，扼杀孩子的好奇心和创新精神。

因此，祖辈在对第三代教育中要合理定位，做到不错位，不越位，祖辈应乐于当配角，当好称职的配角，不要越俎代庖。祖辈与自己儿女之间要相互学习，共同学习，跨越“代沟”，形成“合力”，营造一个两代人之间沟通分享、优势互补的家庭环境。如果祖辈教育不能正确定位，不管是错位还是越位，必然会造成父母对子女教育的“缺位”！

第40招

无缝隙“衔接”

今天的孩子是在三个家庭，两个大人，四位老人共同聚焦下成长起来的一代。爷爷奶奶、外公外婆来自不同文化背景和生活环境下的“两亲家”，面对第三代的教养，在教育观念和方法上的碰撞与冲突是不可避免的。调查结果显示：共同面对第三代，两亲家关系和谐，有沟通，有合作，仅占65％；两亲家之间在教养“第三代”上互不交往，自有一套，相互“走调”的占30％；两亲家之间为了第三代曾经发生过口角、矛盾和冲突的占3％。

丁爷爷的小孙子今年3岁。从今年起，丁爷爷就开始培养孩子自己独立吃饭的习惯，虽然孩子自己吃饭速度慢些，衣服会弄脏，但丁爷爷仍坚持不懈，培养小孙子的独立性。但每次去外婆家，小孙子便找到了“防空洞”，外婆总是自告奋勇喂小外孙吃饭，好不容易培养起来的吃饭习惯处在“三天打鱼，两天晒网”、进两步退一步的境地。

王奶奶的孙女今年已读小学一年级。王奶奶对小孙女从小严格要求，重视良好习惯的培养：饭前洗手，独立作业，整理书包等。以往每个双休日小孙女都会到自己家里住上两天，但最近却发生变化，听儿媳说：“小家伙不想来奶奶家，每个双休日，她最喜欢去外婆家。”孩子说：“外婆待她好，她跟外婆最亲！”每个星期天，外婆不仅给外孙女零用钱，而且替她买许多好吃的零食。

至于孩子身上的不良习惯，做外婆的“眼开眼闭”。由于外婆家与奶奶家对第三代的不同的教育要求与方法，已造成了孩子成长环境的“温差”与“缝隙”。两亲家对第三代的不同的人才观和教育观投射到孩子身上，我行我素，各行其是，互为矛盾，相互抵消，其结果使孩子成为一个“两面人”。

孩子外公外婆与爷爷奶奶分别来自不同的家庭，有着不同的生活方式与文化背景，因此，面对共同的第三代，在教育观念和教育方式上的差异是客观存在的。但为了第三代的健康成长，两亲家必须不断充电学习，接受现代的教育观念和科学的教育方法。培养孩子健全的人格和良好的生活习惯、学习习惯是孙辈教育的首要任务，两亲家在对第三代教育行为中都应服从这个目标，不能各行其是，倚老卖老。两亲家在教育第三代的过程中，从教育资源到教育经验各有所长，各有所短，双方都应扬长避短，优势互补，求得最佳的教育效果。

为了第三代健康成长，“两亲家”之间要和谐相处，相互尊重，相互学习，加强沟通，形成合力。作为孩子的父母要为他们搭建交流学习的平台，提供沟通的管道，特别是作为孩子的父母要承担起协调“两亲家”关系的主要责任，以求得在科学理念的前提下，对共同的下一代，在教育目标上求得一致，在方法上走向趋同，使“两亲家”的家庭教育环境实现“无缝隙”衔接。

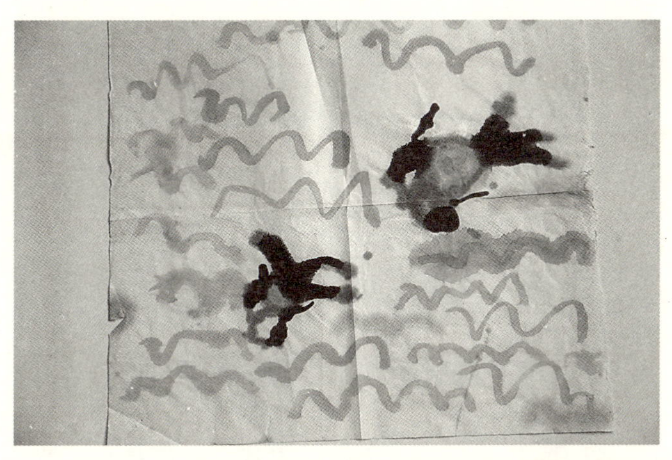

第41招

处理好“三种关系”

祖辈与父辈的关系

祖辈与自己儿女之间要相互学习，共同学习，营造一个两代人之间沟通分享的家庭环境；年轻的父母要尊重理解老人，他们在第三代教育中既有其不可替代的优势，但祖辈教育又有其客观存在的弊端：受传统思想观念束缚，接受新观念、新事物比年轻人要慢；因此，倡导老年人向青年一代学习，相互学习，共同成长。年轻人要为老人的学习提供环境和条件。

祖辈与“第三代”关系

祖辈与孙辈的关系，是一种“隔代亲”的情感依恋，如果祖辈对孙辈过度宠爱，必然造成孙辈对祖辈过分依恋，以致磨灭孩子的独立性。当前，在孙辈教育中的主要倾向是对孙辈百依百顺、迁就、溺爱，心甘情愿成为孩子的“防空洞”；容易使孩子养成“以我为中心”；对孩子过度限制保护，扼杀孩子的好奇心、冒险和创新精神。

祖辈与亲家关系

来自不同文化背景的“两亲家”对第三代的教养，在教育观念和方法上的分歧与碰撞是不可避免的。亲家之间要相互尊重，取长补短，寻求教育的合力。作为孩子的父母要为他们搭建交流沟通的平台，以求得在科学理念的前提下，对共同的下一代，在教育目标上求得一致，在方法上走向趋同，不要我行我素，各行其是，相互抵消。

祖辈与孙辈，一个是黄昏，一个是黎明，是人生的两端，是生命的两极。孙辈教育是人类生命的交接，隔代人之间心灵的对话。作为祖辈，有着丰富的人生阅历，这是家庭中的宝贵精神财富，我们应继承发扬中华传统美德，为我们的孙辈作出榜样。祖辈退休以后，有更充裕的时间和空间，在教养第三代过程中，更好地发挥辅助配角作用。我们只有不断充电，向自己的下一代学习，才能与时俱进，不断成长，在传统与现代之间，真正跨越代沟，使自己成为一名阳光的老人，成为开心、开明、开窍的爷爷奶奶和外公外婆。

第42招

形成“合力”

下面让我们先看看冬冬家的三场“战争”。

冬冬的家是一个三代同堂的“大家”。冬冬每天不仅得到来自爸爸妈妈的关爱，而且还处处感受外公外婆、爷爷奶奶的宠爱。冬冬从他呱呱落地那天起，就在四位老人、两位大人共同“聚焦”下成长起来的。爷爷奶奶、外公外婆有着不同文化背景，对自己的第三代有着不同的期望目标。

在冬冬成长过程中，爷爷奶奶、外公外婆四位老人与爸爸妈妈，在教育观念和方法上经常发生“战争”。以下便是“争夺战”的三个小片段：

书桌边的“战争”

冬冬在做功课，打开一张语文考卷，老师用红笔批了49分。爸爸见状发火了，他不问青红皂白把儿子打了一顿。外公劝女婿：“先问问原因，别打嘛!”冬冬哭着为自己申辩，爸爸说：“考得这么差，还有理由?”随手又是两个巴掌，外公听到冬冬的哭声再也忍不住了，大声训斥：“你这样打孩子是违反青少年保护法的!”女婿恼羞成怒，打得更凶。这样，两代人不同的教育方法的矛盾升级了。

如果我是冬冬的外公，当着孩子的面，绝对不会站在女婿的对立面。因为面对“第三代”的教育，女婿毕竟是第一责任人，祖辈不过是辅助，作为冬冬外公把自己的“定位”搞颠倒了，一是错位，二是越位。当然，老人疼爱自己的外孙是可以理解的，但在这样的场合里，冬冬外公大声训斥自己的女婿，不仅不利于对外孙的教育，而且不利于处理自己与女婿之间的关系。当然，我们并不赞同冬冬的爸爸用“棍棒”替代教育，因为棍棒带给孩子的除了仇恨、不满、对立之外，不能真正解决学习上的“红灯”。

如果我是冬冬的外公，我会从关心外孙的学习入手，了解冬冬开“红灯”的原因，从学习态度、学习方法以及学习习惯等方面寻求消灭“红灯”的对策。对女婿教育孩子的简单与粗暴，作为冬冬的外公也必须寻求一条行之有效沟通的管道，使之有所改变。因为要改变孩子，首先要改变父母自己，只有改变自己的教育方法和错误教育观念，才能带来亲子关系的和谐和亲子沟通中的积极回应。冬冬外公与女婿的沟通管道在哪里，是直接面对面地交流，还是通过自己的女儿间接让对方更容易接受，可以从各自家庭的实际情况出发。老人如何处理与儿女、女婿、儿媳的关系，是老人教育“第三代”的关键。

饭桌上的“战争”

饭桌上放着青菜，红烧肉，鲫鱼汤。冬冬的筷子似乎成了红烧肉的“直通车”。妈妈说：“冬冬，你已成了小胖墩了，不能光吃肉，不吃青菜。”一边说，一边将青菜夹到冬冬的饭碗里，谁知冬冬马上嘟起了嘴巴，把碗一搁，两道眼泪似泉水般往下流。这时，冬冬首先把求助的目光投向奶奶。奶奶的心开始“软”了，她马上用筷子夹起一块红烧肉，放到冬冬的饭碗。冬冬的妈妈“寸土不让”，从冬冬碗里夹起那块大肉，放进自己的嘴巴。“哇……”冬冬放声大哭，奶奶又夹起了第二块肉放进冬冬的饭碗……

如果我是冬冬的奶奶，绝对不充当孩子“防空洞”。

面对孩子的偏食，家庭中每一位成员必须建立“统一战线”，形成教育的合力。作为冬冬的奶奶不能无原则迁就孙子不合理要求，甚至抵消儿媳对冬冬的教育。如果我是冬冬奶奶，面对孙子求助的目光，首先应态度鲜明，表明自己的观点：多吃蔬菜，才能使自己的身体更健壮。积极鼓励孩子多吃蔬菜，当好儿媳的配角。如果“这一招”仍然无效的话，那么与其在孩子面前与冬冬妈妈“对着干”还不如暂时回避，使冬冬失去一个支撑他的“靠山”。

电视前的“战争”

有一天，全家围在电视机前看美国电视连续剧《成长的烦恼》。冬冬的爸爸一边看电视，一边和孩子开玩笑，甚至打打闹闹，奶奶看不惯了，说儿子没大没小，一点长辈的样子也没有。儿子说：“这是家庭民主！你看，在人家美国电视剧里，儿子还可以叫爸爸的名字呢!”奶奶教育冬冬在小朋友交往中要学会谦让，如果别人不小心妨碍了你，也不要太计较。可是爸爸说：“人不犯我，我不犯人，人若犯我，我必犯人。为什么老要我们让？让了永远受欺侮。”爸爸还提醒儿子：“如果学校哪个同学动手打你的话，爸爸帮你去伸张正义……”冬冬听了以后，一脸茫然，不知道听谁的好？

在每个家庭，祖辈与自己的儿女的“代沟”，已成为不可避免的现实。老人在教育第三代的过程中，既有其独特的优势又有充足的时间和空间，对孩子能宽容，有耐心的优势，有丰富的人生阅历，有优秀的传统文化积淀，但由于老人受传统观念的束缚，接受新观念、新事物比年轻人慢，在教育观念上容易发生两代人之间的碰撞与冲突，老人在养育第三代时容易倚老卖老，错位越位，只养不教。

如果我是冬冬奶奶面对孩子叫爸爸的名字，会保持平和的心态：名字不过是一个符号，孩子和爸爸既然是朋友，大家以名字相称，又何尝不可。如果我是冬冬爸爸，在教育冬冬要有自我保护意识和能力的同时，也别忘了让孩子应该具备宽容他人之心、大气包容的男子汉的气质。

第43招

守住“底线”

过去，豆豆爸爸妈妈在孩子面前有时一个扮“红脸”一个扮“白脸”，一唱一和，软硬兼施，有时对孩子的教育各唱各的调，使孩子无所适从。在教育观念、教育方法上，对孩子行为要求，夫妻之间、祖辈与父辈之间经常发生碰撞和冲突。

为了改掉豆豆挑食、不吃蔬菜的坏习惯，今天全家上下决定采取统一行动。刚开始，豆豆在餐桌上的第一反应是：吃蔬菜拒绝用餐。他首先把求助的目光投向奶奶，奶奶强忍着，只顾吃自己的饭，不理睬他；豆豆又把求助的目光投向爷爷，爷爷笑呵呵地说：“我今年八十了，身体这么棒，只因为天天爱吃蔬菜，蔬菜的营养可高啦！”爸爸妈妈也只顾吃自己的饭，豆豆见大家都不理他，便愤然离开饭桌，等待奶奶来哄他，等爷爷作出让步……谁知全家没有一个人为他开“绿灯”，这样豆豆一口饭也没吃就上学去了。

吃晚饭时，他又摆出不吃饭的架势，家里人谁也没有理会他。到晚上九点钟，豆豆终于忍不住肚子里的“空城计”，大喊：“妈妈，我要吃饭！”看着豆豆狼吞虎咽的样子，全家人都露出了会心的微笑。

如果家庭是孩子的第一所学校，好习惯的培养是家庭教育的“底线”，这条“底线”一旦冲破，家庭的一切教育将付之东流。

但如何守住这条底线呢?

不少家长喜欢走两个“极端”：一个极端就是迁就、顺从，其结果是放任自流；另一个极端就是采取强制、逼迫、棍棒，最后引起孩子的逆反和对抗。其实最有效的教育方式应该绕开这两个“极端”，寻求教育的中间地带，这样的家庭既不会发生战争，不会溺爱，也不会成为孩子的“防空洞”。

如何寻找教育的中间地带呢？这里必须坚持三个原则：

(1) 不放弃原则，不突破底线。比如，吃饭前洗手，不偏食，不打架，不骂人。

(2) 全家上下形成“统一战线”，使孩子找不到一个“防空洞”。

(3) 持之以恒，贵在坚持，坚持训练 100 天以上，必有成效。

第44招

学习型家庭

有一项对中小学生的调查，其中问到“你对父母最大的期望是什么”时，竟有不少学生这么回答：“如果你们期望我们好好学习，那么你们自己首先要天天向上。”学生对我说：“为了应付那么多习题，每天早上第一个起床的是我，最后一个上床睡觉的还是我。我的老爸老妈却从来不看书、不读报，对我的要求目标没有止境，考了95分，还要100分！真是太贪婪了！”作为父母，如果听到孩子这么说，心里一定会想：现在应该是我们享受生活的时候了，天天8个小时上班，赚钱来满足孩子的吃、穿、用，难道我们还……

是的，在当今终身学习的社会，当孩子难，做父母更难。

从猫的“第二门语言”说起

有个猫学狗叫的童话：一天，一只久经沙场的耗子，听到洞外几声狗叫声：“汪！汪！汪！”心想：真是狗拿耗子，多管闲事。尽管它也曾多次遭遇猫的威胁，但凭借它的机智灵活都一一化险为夷。它一边想一边得意地慢悠悠地从鼠洞里探出小脑袋。正在这时，它忽然感到有一个庞然大物向它扑来。说时迟，那时快，它的脑袋已被咬住了。耗子定睛一看：站在它面前的不是狗，分明是一只大花猫！耗子鼓起勇气开口说话了："你明明是猫，怎么也会学狗叫?"猫理直气壮地回答："现在人都在终身学习，难道我不可以学第二门语言?"

这个童话给我们的启示是：我们已经走进了一个终身学习的时代，只有学习，才能与时俱进；只有学习，才能适应社会的发展；只有学习，才能使家庭拥有幸福，使孩子走向成功。

传统的家庭教育，父母在孩子面前是一个教育者，但从现代家庭教育看，父母首先应该是一个学习者。父母的双重角色，是与孩子的呱呱落地同时产生的。所以家庭教育的过程，其本质是亲子共同学习、共同成长的过程。

孩子从婴儿到儿童，从少年到青年，有一个成长的周期，每个家庭都有一个生命周期，作为孩子的父母，同样有一个发展周期。三者的发展与成长应该是同步的、和谐的。如果孩子成长了，父母仍原地踏步，停滞不前，这样，父母就难以胜任养育教育孩子的职责，家庭教育的质量难以达到理想的水平。

四种心态构建不同的家庭人文环境

孩子的成长离不开家庭教育环境。良好的环境是孩子的好老师，不良的环境是孩子的教唆犯。很多问题少年，都是潜伏于家庭，显露于学校，危害在社会。随着全社会物质生活的改善，每个家庭都有了住房的“宽度”、家用电器的“高度”，却往往缺少人文关怀的“温度”。家庭的人文环境对孩子的成长起着奠基作用，这是一种隐性环境、一种心理环境，是难以用金钱堆砌起来的。

每个家庭有不同的职业、不同的文化程度、不同的经济水平、不同的家庭结构，由于他们对终身学习的不同态度，对自己的学习，对孩子的学习，大致可以形成四种不同的心态。

“我行，你不行!”——虽然重视自身学习，但不善于向孩子学习。在这样的家庭里，亲子之间缺少平等的沟通与交流，父母难以尊重孩子的人格。

“我不行，你行!”——父母将自己的失落，完全转嫁到孩子身上，以牺牲自己的发展来求得孩子的成功。只要孩子好好学习，不要自己天天向上。

“你不行，我也不行!”——父母对子女没有希望，对自己也没有发展的目标。可以这么说，在这样的家庭里每个成员都失去目标，失去信心。

“我行，你也行!”——不管在什么样的家庭里，也许文化层次较低，尚处在经济水平不高的阶段，但有了这种心态，便会坚信：学习不仅可以改变一个人的命运，而且还可以改变一个家庭的命运。有了这种心态，父母与子女都有自己的成长目标，相互之间能共同学习、共同成长。

没有共同时间的家庭是虚拟的家庭

父母对子女爱的要素是什么？是共同时间。有了共同时间，父母与子女之间才有可能沟通，相互之间才能说出欣赏的话语、感谢的话语、期待的话语和道歉的话语；有了共同时间，亲子之间、夫妻之间才有可能围坐一起，共读一本书、讨论问题、撞击出智慧的火花。

社会的竞争在加剧，那些只顾忙着拼命挣钱、忙着官场追求、忙着酒肉应酬的为人父母者，舍不得将时间花在孩子身上，借口工作忙，试图以金钱来弥补孩子。他们没有时间与孩子一起学习、一起活动，无法倾听孩子的心声，不能了解孩子的心理需求，更不会欣赏孩子成长的脚步，当然无法随时拨正孩子前进的方向。

其实，用现代的生活理念来衡量，家人相聚的时间的数量与质量是家庭生活品质的重要标志。

让我们来看看这一道独特的餐桌文化的风景线。

上海宝山的朱未家庭，每天利用1小时的晚餐做论坛，使全家每天拥有共同时间。在忙碌的工作与学习之余，一家三口团团围坐在餐桌前，寻找一个轻松的话题给疲劳的心灵放个假，孩子闲谈校园生活，闲侃时事新闻，闲聊日后打算，父母静静地听着、赞赏、微笑，适时点头，或坦诚地发表意见。晚餐论坛的话题大到“全球金融危机”“奥巴马访华”“奥运会”“世博会”，小到“学校的饭菜”“同学之间的嬉闹”“老师的批评”……

当然，餐桌上的时间是有限的，但交流分享的内容是广泛的，对话背后的思考是无限的。有时父母与子女对某些问题见解不一致，彼此各抒己见，虽然谁也说服不了谁，但是大家都非常珍惜这个辩论的过程。相互之间增进了解，亲子之间贴得更近了，孩子变得更爱思考了。这是一种生活的学习，充满文化积淀的生活。这种学习不仅是一道餐桌文化风景线，更是亲子之间共同学习、缩短两代人心灵距离的纽带。

在学习中实现自我改变

变，是永恒的真理，一切都在变：社会在变，家庭在变，孩子也在变。做父母的只有不断改变自己的观念，改变教育行为和态度，才能适应孩子的“变”。如果孩子已从幼儿“变”为少年、青年，作为父母仍然停留在孩子的幼儿期，那么其教育效果是可想而知的。

让我们再来看看这位父亲的“发火后的道歉”。

一次，女儿的考试成绩得了 79 分，父亲见状，顿时很恼火，拒绝在手册上签名。女儿满不在乎地说：“这次班上同学都考得不好，这个分数还算好的。奇怪，不签就不签。”“什么？你再说一遍！”父亲当时一冲动，抽了孩子一个巴掌，孩子捂着脸哭了。

这是父亲对女儿第一次发这么大的火。那天，女儿晚饭没吃就躺下了。父亲喝着闷酒说闷话：“买了这么多书又不看，这是浪费爹娘的钞票，考得不好还要充胖子。”

平时每天早晨总是父亲上班前叫醒女儿，这天他悄然走了。下班回家才知道，女儿醒来已是8点多，她饿着肚子带着红肿的眼睛匆匆赶往学校。

当晚，女儿没有像往常一样叫“爸”，父亲给她削好的一个苹果也原封不动地放在写字台上。真是没想到，小孩记大人仇。女儿像哑巴一样做完功课便早早睡觉了。

父亲在橘黄色的台灯下，拎了拎女儿的书包，是如此的沉重。父亲的心情也变得沉重起来：加压、棍棒并非是有效的沟通，真正的沟通必须建立在尊重理解的基础之上。于是父亲铺开了纸，给女儿写了一封道歉信：

洁洁：昨天，我硬硬心肠一巴掌，为的是让你进步。其实，我伤害了你的自尊心，爸向你道歉。你真幸福，爸爸像你这么大时，正遇上“文化大革命”，许多好书被打入“冷宫”。我清楚记得，有个同学很爱看书，他把母亲给的早点钱，向卖瓜子的老头买下了用来包瓜子的已经没头没尾的书。他被书中的情节深深地吸引。夜已很深，他母亲一觉起来，看到自己的孩子还在看书，舍不得电费，把灯关了。他轻手轻脚摸到一支蜡烛，点燃后继续看着，那本书正是“文革”中被批判的《苦斗》。那个孩子不是别人，就是35年前你的爸……

第二天，父亲在女儿的书桌上看到了女儿写的字条：“亲爱的爸：上次我对你不礼貌，惹你生这么大的气，我错了，今后我会珍惜读书机会，自觉学习……”

作为父母往往较多的是关注孩子的成长与发展，不断对孩子提出高期望、严要求。其实，孩子成长关键在于父母自身的改变，而父母自我改变的前提离不开学习。必须不断建立成长目标，不断自我改变、自我完善。这是一个在学习中实践，在实践中反思感悟，提升智慧的过程，这是一个永无止境的过程。

建设生态的家庭环境

第45招

种一棵“尊重树”

尊重，是每个人的心理需求。家庭中的每个成员，都渴望得到他人的尊重。丈夫需要妻子的尊重，妻子也需要丈夫的尊重；父母需要孩子的尊重，孩子也需要父母的尊重。人与人之间的尊重是双向的、互动的。家人的相互尊重带来人际关系的和谐，也给家庭每一个成员带来生活的温馨和幸福。

没有尊重，哪来自尊？

当父母错怪了孩子，父母弯下自己的身段，向孩子说声：“对不起！爸妈向你赔礼道歉！”

“孩子，你想不想学钢琴？要不要请家庭教师？”妈妈让你自己做决定，做父母的决不越俎代庖。

进入青春期的孩子有了自己的隐私，做父母的，要像保护自己的眼珠一样保护孩子的隐私，不偷看孩子的日记，不偷听孩子的电话，不私拆孩子的信件……

当孩子初中毕业要填写升学志愿，是升高中还是进中专？是报考市、区重点高中，还是一般高中？最终应该让孩子自己选择、拿主意，父母的意见仅供他参考而已。

孩子是家庭中的一员，父母与孩子应平等相处，不能居高临下，父母的一言一行、一举一动都体现了是否对孩子的尊重。如果家庭中有重大问题都会开一个家庭会议，听取孩子的意见；孩子犯了错误，父母也不会横眉冷对、更不会拳脚相加；批评和教育，坚持以理服人……那么孩子就会在尊重中获得自尊与自信。

尊重孩子，从小事做起。

当一个孩子兴冲冲地举着校运会100米冠军的奖状走进家门，撞见正在做饭的母亲："妈妈，我得奖了!""什么奖?""运动会的奖……""升学考试时可不可以加分?""……""这种奖状有啥用?"母亲的冷漠，如同一盆冷水，把孩子的自尊、自信冲得一干二净。

当孩子拿着语文考卷，放学回家，妈妈问："考了几分?""98分。""班上第几名?""第二名。""为什么不拿第一名?""……"妈妈见儿子不吭声，又开始数落起来："你看，隔壁的小芳多优秀，每门考试都第一名！你班的班长王平多棒！每门功课都100分，就你不争气，把我的脸面也丢尽了……"

其实，对父母来说，尊重孩子，不是一件抽象的事，而是在生活中几乎每时每刻都要面对的。譬如：是否打骂孩子；是否拿自己的孩子与别人去比；是否强迫孩子做他不想做的事；是否剥夺孩子玩的权利……所以，尊重孩子，尊重家庭每一个成员应从生活中的每一件小事做起。

在亲子沟通过程中，父母尤其要忌讳十种语言：

恶语——“傻瓜，笨蛋，没有用的东西!”

压制——“住嘴！胆子好大，翅膀还没硬，就想飞了？”

强迫——“我说不行就不行，难道让我听你的不成？”

威胁——“你再这样我不管你了，随你的便好了！”

讽刺——“嘿，你还真行，竟能做出这种事来。”

哀求——“求求你了，我的小祖宗，别这样做了，好吗？”

侮蔑——“你简直是个废物，无药可救了。”

贿赂——“这次考试只要考到满分，你要什么，我就给你买什么!”

抱怨——“我怎么会生出你这样的孩子？”

责备——“又闯祸了，真是太没出息了!”

测试 1　你对你的孩子尊重吗？

分数 10→代表你“完全做到”；

分数 8→代表你“经常做到”；

分数 6→代表你“偶尔做到”；

分数 4→代表你“极少做到”；

分数 2→代表你“完全没做到”。

❶ 我从来不翻看孩子的日记，他虽然是孩子，但也有自己的隐私。

❷ 如果全家外出旅游或家里购买什么大件物品，我都会听取孩子的意见。

❸ 孩子语文考砸了，我会与他一起分析考砸的原因，并相信他会从中吸取教训。

❹ 孩子报考什么学校，首先尊重他本人的意愿，决不强加于人。

❺ 孩子把小朋友带到家里来玩，我会热情地接待他们。

❻ 孩子与小朋友打架，我会先了解情况，不主观武断，也不庇护孩子的过错。

❼ 每天早上起床后，我会与孩子互道“早安”，孩子给我倒水、盛饭，我会对他说：“谢谢!”

❽ 在餐桌上，我会与孩子交流各种信息，分享学习的感悟。

❾ 我让孩子了解家庭的经济状况，从实际需求出发，指导他学会使用零用钱。

❿ 我身体力行，不做让人不愉快的事，尊重他人的身体与感受，尊重他人的生命如自己的生命。

【解析】

50分以下（含）

你的家庭亮起了“红灯”。你对你的妻子（丈夫）和孩子不够尊重，如果这样的话，他们怎么会尊重你呢?

51～70分

你的家庭亮起了“黄灯”。你也许在尽力尊重你的家人，但距离幸福家庭还有一段不小的距离。

71～90 分

你的家庭亮起了“绿灯”。你是一个非常懂得尊重人的人，你拥有一个很幸福的家庭。

91 分以上

`恭喜你，你正在享受幸福美满的家庭生活。

第46招

种一棵“关爱树”

家庭是爱的港湾，家庭是爱的学校。

关爱是家庭的阳光，是家庭不可缺少的精神食粮，是每个人对生活的一种需求。有了爱的家庭，才可能拥有和睦和温馨；有了家庭的爱，才有可能产生战胜家庭一切磨难与不幸的勇气与力量。关爱，是孩子成长的维生素和蛋白质，是家庭教育的基石。离开关爱，一切教育无从谈起。家庭中的每个成员在关爱他人的同时，又在渴望“被爱”。

爱，是一种巨大的精神力量。已成为植物人的妻子，躺在病榻上，由于丈夫爱的呼唤、精心的照料，使她奇迹般地苏醒过来，这是爱的神奇力量。

明天丈夫将要出差远行，半夜醒来，只见妻子还在灯下为他准备行装：“这么晚了，怎么还不睡呀”“天气预报说，明天降温，我给你多带几件衣服。再说你的胃不好，再带些药……”灯光下，妻子把一件件寒衣、一包包药片装进行囊，其实装进行囊的何止是衣物，更多的是妻子对丈夫的关爱。

“亲爱的，你去献血了?”“没关系，我身体好着呢!”丈夫一边急急忙忙往家里赶，一边给妻子打电话说：“你别累着了，等我回来烧饭做菜……”当丈夫一踏进家门，只见女儿已烧好了饭菜，妻子躺在床上，脸上洋溢着幸福的微笑……

关爱是什么？

关爱不仅仅是物质的，更是精神的。当前家庭中的主要倾向是：物质之爱过剩，精神之爱不足。作为父母要全面、正确地表达对子女之爱，不是脱离实际的高期望，也不是“包办代替”心甘情愿当保姆。

纯物质的爱，是片面的爱，畸形的爱。具体表现在：

（1）过度关注孩子生活，百般呵护，物质上无节制的满足。

（2）无视孩子的缺点甚至庇护孩子的过失。

（3）忽视良好习惯的培养。

（4）在学习上、生活上包办代替，让孩子的双脚永远踩在自己为他铺的“红地毯”上。

关爱该如何表达？

妻子对丈夫之爱的呈现方式，不是依赖对方、控制对方；丈夫对妻子之爱的呈现方式也不仅是物资的给予，更不是性的满足。夫妻之间真正的爱应该是相互之间的尊重、充分信任、了解并让对方有充分自由和发展空间。当然，这种爱应该是双向互动的，不是单向的。

父母对子女之爱，关键是要把握好“度”，过度的爱是宠爱，是溺爱，我们需要的是一种理智的爱。父母对子女的关爱首先建立在“尊重”的基础上。孩子是一个独立的大写的人，人之所以是人，因为有其尊严。父母对孩子的理解、信任也是一种关爱的体现，相信你的孩子会成功，相信你的孩子有出息，这是作为父母不可动摇的信念。父母对孩子的严格要求、积极引导更是一种关爱，父母与孩子共同学习，相互学习，一起成长是当今社会更为现代的爱。

测试2　你对孩子关爱吗？

分数10→代表你“完全做到”；

分数8→代表你“经常做到”；

分数6→代表你“偶尔做到”；

分数4→代表你“极少做到”；

分数2→代表你“完全没做到”。

❶ 你非常关注孩子身心的健康与安宁。

❷ 你带头在家庭营造一种宽松、温馨、快乐的氛围。

❸ 你会尊重孩子的兴趣和选择。

❹ 你经常发现孩子身上的亮点，鼓励他的点滴进步。

❺ 发现孩子犯错时，你既严格要求，又以理服人，决不以棍棒代替教育。当你错怪孩子时，会向孩子赔礼道歉。

❻ 对孩子不合理的要求，你决不迁就。

❼ 你决不包办孩子应该自己做，而且自己可以做的事。

❽ 你能平等地与孩子沟通。

❾ 如果你与妻子（丈夫）分手时，你仍不忘记你是孩子的父亲（母亲），继续承担父母应尽的责任和义务。

❿ 你经常与你的妻子（丈夫）分享教育孩子的感悟，统一教育的观念，协调教育的方法。

【解析】

50分以下（含）

你的家庭亮起了“红灯”。在物质上，你也许什么都不缺，唯独缺少“关爱”。

51～70分

你的家庭亮起了“黄灯”。你也许在努力关爱你的妻子（丈夫）和孩子，但距离幸福家庭尚有一段不小的距离。

71～90分

你的家庭亮起了“绿灯”。你是一个非常关爱家人的人，妻子（丈夫）和孩子也一定很关爱你。为了家庭的幸福，你还要继续努力。

91分以上

恭喜你，你正在享受幸福的家庭生活。

第47招

种一棵“责任树”

不管是父亲，还是母亲，都是家庭的一个角色。

在不同的角色的背后，支撑着一个共同的责任。

一个家庭，如果缺少了责任这根栋梁，家的“大厦”迟早也会倒塌。因此，有责任心的家庭是幸福的，背离责任的家庭是可悲的。

每个家长都期望自己能培养一个有责任感的孩子。但孩子的责任感并非与生俱来，而是学习的结果。责任感的学习并非一朝一夕就能立竿见影，必须是长期的体验和积累才能逐步养成的。今天，有家庭责任感，明天才会有社会责任感。事实上，责任感的培养并非父母的说教可以奏效，而是给予和提供孩子学习的机会，让他们在生活中真正掌握运用。有责任心的孩子才能真正独立，也容易被社会所接纳并受到欢迎。

韦清是一位只有双臂，没有一根手指的残疾女孩。她的一双手臂，好比两根圆圆的棍棒，既不能抓，又不能握，更不能做精细的活儿。当韦清摇晃着两条小辫子走进幼儿园时，韦清的妈妈开始教女儿学习自己穿鞋，自己系鞋带。对一个健康的孩子来说，系鞋带也是一件不容易做到的事，何况是韦清，她没有一根手指！有时，为了练习系鞋带，把两只手臂的皮都磨破了！孩子疼得哭鼻子，妈妈想到她将来长大后，早晚要自食其力，独立生活，做父母的责任是培养她面对生活！孩子的眼泪并没有动摇韦清的妈妈对女儿坚持高标准、严要求的“铁石心肠”。

韦清妈妈的责任心在孩子身上结出了丰硕的果实！小学，韦清学会了自己吃饭、穿衣，学会了骑自行车；中学，韦清以优异的成绩考上了复旦大学；今天，她已直升研究生，在复旦继续深造。

责任，对家庭中的每个成员来说是永恒的。在家庭的不同生命周期，其责任的内涵也许会有所差异。在家庭发展顺利的时候，家庭的每一个成员要尽“责任”；当家庭遭遇挫折的时候，更不能忘记自己的家庭责任心。有责任心的家庭是温馨的，安全的，幸福的；没有责任心的家庭对孩子来说是一场可怕的灾难。

离婚，对大人来说并非一种罪恶，而是结束一段不愉快的婚姻、改变环境的选择。离婚并不是任何人的错，离婚并不表示失败。离婚，对夫妻双方来说，意味着契约的结束，但对子女来说，父母仍是父母，责任仍在继续。

当霖霖读小学二年级时，她的爸爸和妈妈平静地分手了。从此以后，霖霖与妈妈一起吃饭、睡觉，很少能见到爸爸的身影、听到爸爸的笑声。霖霖的爸爸虽已重组家庭，但始终有一种责任心在牵挂着女儿：让单亲孩子不单行，让父亲关心依旧在。为了鼓励孩子战胜孤独、自卑，不断上进，健康成长，父亲每天都会给女儿发去一条手机微信。这里既有摘取的名言佳句，也有自己编写的。当得知女儿担任物理科代表后，父亲立即发去这样的微信："为集体为他人做贡献是高尚人的行为。"今年，当女儿在中队长竞选失利时，父亲告诉她："失利不等于失败，你在父母心中永远最棒!"

测试3 你对家庭有责任心吗?

分数 10→代表你"完全做到"；

分数 8→代表你"经常做到"；

分数 6→代表你"偶尔做到"；

分数 4→代表你"极少做到"；

分数 2→代表你"完全没做到"。

父母篇

❶ 如果丈夫（妻子）病了，我会主动去关心他（她）。

❷ 家庭内外，我总以文明的言行去影响孩子。

❸ 我每天学习（看书读报）1 小时以上。

❹ 我经常带领孩子去图书馆或书店买书。

❺ 为了环保，我节约用水用电，减少食品消费。

❻ 我自觉实行计划生育。

❼ 在公共场所，我会对老、弱、病、残、孕者主动让座。

❽ 今天单位加班，我会提早打电话与爱人沟通。

❾ 家里有了困难和不幸，我会主动去承担，设法去克服它。

❿ 我经常参加学校的家庭教育指导活动。

孩子篇

❶ 母亲突然生病了，我会主动承担家务劳动。

❷ 我认为：将来父母老了，我有责任赡养他们。

❸ 家里来客人，父母不在家，我会热情接待。

❹ 每年父母生日，我会给他们送上生日祝福。

❺ 父母闹口角不开心时，我会设法调节家庭气氛，说点使他们高兴的事。

❻ 每逢周末或节假日，我会主动去探望（外）祖父母。

❼ 在学习上、生活中如果碰到困难，我会主动去克服。

❽ 当我看到周围有人污染环境时，我会向他指出。

❾ 我经常参加社区志愿者活动。

❿ 每天放学，我会主动把学校里发生的事与爸爸妈妈交流沟通。

【解析】

50 分以下（含）

你的家庭亮起了“红灯”。在你的身上缺少“责任心”，在你的孩子身上也缺乏责任心。

51～70 分

你的家庭亮起了“黄灯”。为了家庭的幸福，为了孩子健康地成长，你应该学习“负责”，为家庭尽责，为孩子尽责。

71～90 分

你的家庭亮起了“绿灯”。你是一个非常有责任心的妻子（丈夫），是一位非常尽责的父母（祖辈）。为了家庭的幸福，你还要继续努力。

91 分以上

恭喜你，你正在享受幸福的家庭生活。

第48招

种一棵“分享树”

每天，在明明家的晚餐桌上，爸爸总习惯把白天看书读报时的体会、想法或人生感悟说给大家听，全家也特别喜欢听他发表高见，有时妈妈也会发表她的“所见所闻”。当然，明明在大人的影响下也毫不示弱，经常会在爸爸妈妈面前开“新闻发布会”，全家把每天的晚餐称为“晚餐论坛”。在餐桌上，大家享受的不仅是妈妈做的美味佳肴，更值得称道的是每天的文化分享、精神分享。

家庭中的分享，是家庭的构建和一种能够引起家庭成员共有的心理或生理愉悦的活动，主要包括物质的分享和精神的分享。家庭的物质分享是显性的，家庭的精神分享则是隐性的，如家庭美德的分享、文化的分享、经验的分享、知识的分享、经历体验的分享、成功喜悦的分享、失败教训的分享、生活中快乐的分享……分享是家人之间沟通交流的桥梁；也是亲子之间相互学习，共同成长的舞台。分享，可以跨越两代人的代沟；分享，可以给家庭带来温馨和快乐。

现代社会是一个分享的社会，只有分享的社会才是和谐的社会。在家庭内部，夫妻之间、亲子之间、长辈与小辈之间都是一个共同体，相互依存，共同发展，各自既承担家庭义务与责任，又共同分享利益与成果。这种分享不仅是物质上的分享，更是学习成果上的分享、精神文化上的分享。如果你有一点快乐，让更多的人来共同分享，你就会得到越来越多的快乐。如果你不喜欢把快乐送给别人，你自己也就没有快乐可言。这是家庭生活的真谛。

分享的对立面是“独占”“独霸”“以我为中心”。在今天独生子女的家庭里，孩子容易滋生“独”的文化，从“独食”“独看”“独占”以致将来的“独霸”“独裁”。

因此，在家庭中从小就应该培养孩子的分享观念。因为分享体现了社会的进步和现代文明，如果社会财富不能让大家共同分享，其结果必然是贫富差距加剧；如果地球上的资源不能为全人类分享，地球的生态环境便会日益恶化，资源枯竭。历史上的“孔融让梨”实际上就是提倡从小培养孩子分享的观念，这是一种文化的传统，在今天竞争的社会里仍需大力提倡和发扬光大。

测试4　你已感受到“分享”的快乐吗？

分数10→代表你“完全做到”；

分数8→代表你“经常做到”；

分数 6→代表你“偶尔做到”；

分数 4→代表你“极少做到”；

分数 2→代表你“完全没做到”。

父母篇

❶ 在公园里，我从不乱扔果皮纸屑，因为整洁的环境应让大家共同分享。

❷ 在夜间，我不会把电视机、收音机调得很响，因为宁静的环境应大家共同分享。

❸ 我有了开心事，我会告诉我的家人和朋友，让大家分享。

❹ 亲戚和朋友聚会，我会把自己的人生感悟与大家共同分享。

❺ 家里有好吃的食品，全家共同分享，谁也不吃独食。

❻ 每天晚餐，一般情况下，全家人都到齐了才动用筷子。

❼ 我有很多好朋友，大家经常在一起聚会，共同分享生活的快乐。

❽ 如果我读了一本有趣的书，我会把它推荐给自己周围的人。

❾ 我从外地旅游回来，我会把拍摄的照片给大家分享。

❿ 我乐意参与慈善活动，帮助社会上有困难的人群。

子女篇

❶ 春游时，我带的零食喜欢与大家交流分享。

❷ 每次试卷发下来，我喜欢与大家交流分享。

❸ 班级举行大讨论，我勇于发表自己的观点和意见。

❹ 我有很多好朋友，经常会在一起分享交流学习的体会。

❺ 如果我被评为三好学生，我会很快把这件事情告诉父母，让他们分享我的快乐。

❻ 如果学校举行募捐活动，我会毫不犹豫地拿出自己的零用钱。

❼ 家里有再好吃的东西，我也不会吃独食。

❽ 我认为，改革开放的成果应该让全社会共同分享，这样才不会造成贫富差距。

❾ 我有很强的环保意识，因为我们只有一个地球。

❿ 我经常会换位思考，既同情弱者，又会去帮助弱者。

【解析】

50 分以下（含）

你的家庭亮起了“红灯”。不管是理念，还是日常生活实践，你距离“分享型”还有很大的差距。

51～70 分

你的家庭亮起了“黄灯”。你也许正在学习与你的妻子（丈夫、爸爸、妈妈、孩子）共同分享美好的生活，但距离分享型家庭尚有一段不小的距离。

71～90 分

你的家庭亮起了“绿灯”。你是一位懂得与人分享的人，给自己、也给你的家人带来了快乐。为了家庭的幸福，你还需继续努力。

91 分以上

恭喜你，你正在分享着幸福的家庭生活。

第49招

种一棵“感恩树”

禾苗感恩阳光，

小鸟感恩蓝天，

鱼儿感恩大海，

我们感恩什么？

感恩父母，赋予我们美好的生命；

感恩自然，赋予我们丰盛的五谷；

感恩老师，为我们浇灌知识的雨露；

感恩地球，赋予人类丰富的宝藏……

感恩是什么？

有一位年轻的妈妈，每逢孩子生日那天，她没有给孩子买生日蛋糕，也没有为孩子大摆宴席，却不忘记带孩子去产科医院，看望那位曾经给自己接生的白衣天使，她告诉孩子是那位医生阿姨，把你带到了这个世界……让孩子给那位医生阿姨送上一束美丽的鲜花，送上全家人一颗感恩之心。妈妈在孩子生日那天，虽然没有给孩子买生日礼物，却给了孩子无价之宝——一颗感恩的心。

感恩是什么？其实，感恩是一种心态，是一种生活态度，是一种精神境界，更是一个人的世界观。感恩，体现了人与人之间交往的准则，也是人与人之间一种凝聚力的内核。因此，在家庭生活中，我们不仅要感恩父母、感恩亲人、感恩社会、感恩自然、感恩地球，而且家庭中每个成员都应该拥有一颗感恩之心。随着社会的发展，人类现代文明的进步，家庭作为社会的一个基本单位，每一个家庭成员，在整个社会大家庭中，其力量是微不足道的。人类只有相互依赖，相互支撑，相互帮助才能更好地生存在这个地球上。

应该怎样感恩？

夫妻之间没有感恩之心，就等于没有爱情；

亲子之间没有感恩之心，就等于没有亲情；

一个家庭没有感恩之心，家庭就没有温馨；

一个社会没有感恩之心，社会就不会安定。

感恩之心是一切道德的起源。孩子幼小，这种感恩之心不是用说教可以教导、培养起来的。作为父母首先要有一颗感恩之心。做丈夫的要感恩妻子，是她的付出和奉献，使家庭更加美好和温馨，并成为自己生命的另一半。做妻子的要感恩丈夫，在茫茫的人海中，是他的“发现”才组成了一个美好的家庭，在他自身发展的同时，家庭也得以发展。我们要对自然常怀感恩之心，人类的生存与繁衍离不开自然的奉献。我们要对老师常怀感恩之心，每个孩子的成长和进步，都离不开老师的教导和培育。对一切曾经帮助过我们的人，都应常怀感恩之心、感激之情。

对孩子来说，感恩应该是父母给孩子必须上好的一堂人生必修课。让每个孩子懂得：他（她）降临到这个世界上，每一步成长和发展，都离不开父母的养育、师长的教诲、朋友的关爱、大自然的慷慨赐予。对孩子来说，学会感恩，常怀感恩之心，就应该在自己的心中装着他人、装着社会、装着国家、装着地球，而不是一切“以我为中心”。

有个孩子叫龙龙。一天，他给爸爸妈妈洗了一次脚，一夜之间感到自己似乎长大了。那天晚上，爸爸和妈妈都在看电视，他端了一盆热水进去，当他说要给他俩洗脚的时候，爸爸妈妈都惊呆了。他先给妈妈洗，然后给爸爸洗。龙龙说：“爸爸的脚很粗糙，皮都裂开了。”他用毛巾擦那双脚的时候，感到毛巾都快被那皮肤粘住了。他觉得，爸爸的工作真的很辛苦；妈妈为了全家的生活，她的两只脚每天不知得走多少路。爸爸和妈妈一边洗脚一边摸着龙龙的头，龙龙觉得温暖极了。当然培养孩子感恩之心，不仅仅是洗一次脚。

感恩，应从家庭生活的每一件小事做起。父母生日，孩子给父母送上一个生日蛋糕，写上一张生日卡，是感恩；平时，孩子为父母倒一杯热茶，送上一条热毛巾，何尝不是感恩？感恩无须旁人提醒，应该发自每个人的内心。一个会心的微笑，一句关爱的话语，一个凝望的眼神，一种温暖的触摸，无不是感恩的载体。有了感恩，家庭就有了阳光，我们的日子就会变得快乐，日子即使过得非常清贫，但也活得有滋有味。懂得感恩的家庭，才是幸福的家庭。

测试5 你是否常怀感恩之心？

分数10→代表你“完全相符”；
分数8→代表你“经常做到、想到”；
分数6→代表你“偶尔做到、想到”；
分数4→代表你“极少做到、想到”；
分数2→代表你“完全没做到、想到”。

父母篇

❶ 与周围人相比，我对自己的生活感到很满足。

❷ 我经常得到同事、朋友、亲戚的关心和帮助，我很感谢他们。

❸ 我和家人在一起，我感到特别愉快。

❹ 总的看来，我是一个很幸福的人。

❺ 我经常感受到家庭的温暖。

❻ 我非常重视环保，不乱扔垃圾，节约用水、用电。

❼ 我很看重友谊，谁有困难，我会主动去关心帮助他们。

❽ 父母年纪大了，身体愈来愈差，但我仍然非常敬重他们、关心他们。

❾ 我永远不会忘记我的启蒙老师，每逢春节，我会去看望他们。

❿ 我对社会的发展充满信心。

孩子篇

❶ 我经常主动为父母承担家务劳动。

❷ 同学学习有困难，我会热情关心他们。

❸ 我感到自己很幸福。

❹ 如果爸爸妈妈不开心，我会想方设法说句笑话来调节家庭气氛。

❺ 我对自己的前途充满信心。

❻ 我的小伙伴很多，相互之间都很关心。

❼ 每年教师节，我都会给我的老师送一张“尊师卡”。

❽ 我从不浪费一粒粮食，也不挑食。

❾ 在生活上，我不与同学攀比，也不追求名牌。

❿ 不管校内校外，我都非常爱护绿化带，不采摘花木。

【解析】

50 分以下（含）

你的家庭亮起了“红灯”。在你的家庭，在你的身上缺少“感恩之心”。

51～70 分

你的家庭亮起了“黄灯”。你也许在物质上什么也不缺，但缺少人文关怀，缺少感恩之心，所以距离幸福家庭尚有一段不小的距离。

71～90 分

你的家庭亮起了“绿灯”。你是一位懂得感恩的人。为了家庭的幸福，你还要继续努力。

91 分以上

恭喜你，你正在享受幸福的家庭生活。

第50招

种一棵“欣赏树”

美国心理学家丝雷说：“称赞对鼓励人类灵魂而言，就像阳光一样。没有它，我们就无法成长开花。”一个家庭的成长，需要家人相互之间的欣赏和称赞；丈夫（妻子）的成长，需要妻子（丈夫）的欣赏和称赞；孩子的成长与发展同样如此。

欣赏是什么？

家庭成员之间如果能学会真心实意发现对方的长处，赏心悦目地赞美对方的优点，并且真诚地向对方学习，人与人之间、丈夫与妻子之间、父母与孩子之间、公婆与儿媳之间的关系就会更加和谐、更加亲密。相互欣赏，实质上是一个发现美、学习美的过程，也是获得快乐的过程。如果你真诚地欣赏、赞美对方，对方会在宽松和谐的氛围中，敞开心扉向你倾吐心声。所以学会欣赏对方，也是一个学会沟通、学会友好相处、相互交往的过程。

欣赏他人

当前，不少家庭存在着“一只眼睛开，一只眼睛闭”的现象。很多人在恋爱阶段，只睁着一只欣赏对方优点的眼睛，却闭着另一只发现对方缺点的眼睛；当走进婚姻殿堂以后，欣赏的一只眼睛从此关闭了，睁开了一只“挑剔对方缺点、毛病的眼睛”。于是家庭战争的硝烟不断，以致双双分手，各奔东西。可见，对别人老是批评和挑剔是导致双方关系恶化的罪魁祸首。所以，每个人都要学会：对优点欣赏，对缺点宽容。学会欣赏对方，哪怕一个微不足道的进步和成功，都要善于发现，时时撒播“欣赏”的阳光，哪怕是一个手势、一个微笑。欣赏他人，其本质是接纳他人。欣赏是建立在宽容的基础上的，没有宽容，便没有欣赏，更没有接纳。所谓欣赏他人，也就是以开放的心胸，让他人尽情地表现自己。只有学会欣赏他人，才能与人共生，与人共处。

欣赏自己

欣赏自己，其本质就是接纳自己，不管自己长相如何，身材怎样，天生我材必有用。

接纳自己意味着用一种积极的、美好的、欣赏的态度面对生命的呈现。我们的身体，不管是高大魁梧的，还是矮小瘦弱的；不管是五官端正的，还是丑陋的；是皮肤细白的还是黝黑的；是肌体健康的，还是残疾的……如果你能欣赏自己，你的身体就是你最仁慈最智慧的老师。其实，在每一个人的身上都蕴藏着一种潜在的美，不管是谁，这种美，只有在你相信自己、欣赏自己，周围的人也都欣赏你、赞美你的时候，才会真正展现出来。事情就是这样奇妙，如果一个人自以为美丽，他真的就会变美；如果他心里总是嘀咕自己是个丑八怪，他果真就会变成目瞪口呆、一脸傻相的人。

欣赏自然

欣赏自然的前提是热爱自然，学会与自然和谐共处。我们的生存与发展离不开大自然的馈赠。保护自然，保护生态，是每个地球居民的责任。我们学习欣赏自然的过程，实际上就是接受大自然万事万物的过程，也是适应自然环境、成为环境主人的过程，更是享受生活、享受人生的成长的过程。

法国雕塑大师罗丹说："美是到处都存在的，对于我们的眼睛，不是缺少美，而是缺少发现。"只有发现美，才能欣赏美。广袤的宇宙，迷人的星空，灿烂的阳光，妩媚的月亮，高山峻岭，大海小溪，森林草原，一年四季，春夏秋冬……有的壮美，有的优美，只有热爱生活的人，才会有一双发现美的眼睛，才会去欣赏美。有了美的情操，才会像太阳那样去驱赶心中的冷漠和忧伤。谁拥有了这种情感，谁就拥有了太阳，谁就能成为大自然最亲近的朋友。

测试 6　你和你的家人是否拥有一双发现美的“眼睛”？

分数 10→代表你“完全做到”；
分数 8→代表你“经常做到”；
分数 6→代表你“偶尔做到”；
分数 4→代表你“极少做到”；
分数 2→代表你“完全没做到”。

父母篇

❶ 我认为，与孩子的“昨天”相比，我的孩子天天都在进步、在成长。

❷ 孩子身上有很多“闪光点”，我会不断发掘他、欣赏他、鼓励他。

❸ 我感到自己对周围的人很有吸引力。

❹ 我对自己的家庭很满意。

❺ 随着年龄的增长，我感到自身有了很大进步与发展。

❻ 我喜欢旅游，也喜欢拍照。

❼ 我为我的家人而骄傲。

❽ 丈夫（妻子、儿女、孙辈）身上有许多值得我学习的优点与长处。

❾ 我经常会在亲戚朋友面前夸奖我的家人。

❿ 我与我的同事相处很好，而且经常从他们身上学到东西，吸收“营养”。

孩子篇

❶ 我相信自己有能力把学习搞好。

❷ 如果老师表扬班上哪个同学，我会默默地以他为学习榜样。

❸ 不管做什么事，我相信我都能行。

❹ 我认为旅游是件快乐的事。

❺ 我的爸爸妈妈都是很棒的。

❻ 每次班级里推荐“三好学生”，我都会积极参与，把周围同学身上的“闪光点”发扬光大。

❼ 我很在乎老师和家长对我的表扬与鼓励。

❽ 我会把生活中点点滴滴的闪光的人和事写进我的日记或作文。

❾ 我认为：学会欣赏，才能更和谐地与大家相处。

❿ 我很幸福，每天都生活在父母关爱之中。

【解析】

50分以下（含）

你的家庭亮起了“红灯”。在物质上你也许什么也不缺，你和你的家人可能缺少的是一双发现美的“眼睛”。

51～70分

你的家庭亮起了“黄灯”。你也许在努力欣赏你的妻子

（丈夫）和孩子，但距离幸福家庭尚有一段不小的距离。

71～90 分

你的家庭亮起了“绿灯”。你是一位非常懂得欣赏家人的人。妻子（丈夫）和孩子也一定很欣赏你。为了家庭的幸福，你还要继续努力。

91 分以上

恭喜你，你正在享受幸福快乐的家庭生活。

第51招

种一棵“沟通树”

这是一个真实的故事。

几年之前，儿子在父亲的眼里可算得上是个小绵羊，叫他朝东不朝西，让他朝南不朝北。

如今，孩子已步入青春期，小绵羊变成了一头东北虎，一言一行，处处逆反，与父母顶着干。

在一次“孩子有话要说”的亲子沟通活动中，孩子向父母说出了自己的心里话：“爸爸，你老是教训我，饭吃得慢要训，赖在床上起身慢要训，贪吃零食要训……训！训！训！每每此时，我本能地向你关闭了心灵的窗户……”作为父母过去惯用的“三斧头”失灵了，剩下的只有无奈与叹气，并祈望有一种“灵丹妙药”，能走进孩子的心灵。

其实，灵丹妙药就是“沟通”。孩子道出了自己的心里话：“对我开口少训话，避免向我说气话，耐心聆听我的话，多多在乎我的话”。儿子一席话，改变了父亲的态度，父亲的自我改变改善了亲子关系：爸爸不再居高临下了，爸爸在孩子心目中不再是警察、法官，而是朋友、啦啦队。

沟通是什么？

沟通是一种表达，是一种能力。沟通是学习、交流、分享的过程。是受教育的过程，是增进理解的过程，是建立信任的过程，是解决问题和矛盾的过程。沟通不仅局限于语言交流，还可以借助于各种载体，如卡片（生日卡）、书信、身体语言（握手、拥抱）、运动等。

家庭成员的各种情绪是需要表达的，思想是需要沟通的，而这种表达和沟通是以信任和坦诚为基础的。被信任是每个人的一种正常的精神需求，家庭成员只有付出信任，才能收获信任，用坦诚交换坦诚，在沟通中感受爱与被爱。

家庭怎么了？

最近《新民晚报》刊出署名为 EL 的读者来信说：现在家庭生活条件好了，夫妻关系却冷淡了，以前两人世界可以无话不谈，现在大家都忙于工作、应酬，很少有时间沟通交流，甚至家庭正遭遇感情危机。

但江苏昆山的高子阳先生却介绍了他和妻子结婚 17 年却依旧恩爱的秘诀：不管自己和太太有多忙，晚上回家也要一起用笔写点夫妻间的生活故事、感悟，哪怕只有一两句话。其实，夫妻之间的沟通管道是可以创造的：写信、递上一张小纸条、发条手机短信、发 e-mail，这样，平时不好意思说出口的话，通过文字也可表达出来。

一份关于“和谐家庭”主题的问卷调查结果显示：55%的家庭认为每天用于情感交流的时间不足；27%的家庭面对这个问题难以回答，用“说不清”来概括目前家庭情感交流沟通的现状；仅18%的家庭对家庭成员之间交流沟通表示满意。

怎样沟通?

亲子之间的沟通，需要沟通的平台、沟通的话题、沟通的共同时间。夫妻之间的沟通是通过爱情来维系的。

不适当的沟通会增加人与人之间的距离，使人感到孤单，出现生理上、心理上的困惑或疾病，不但影响个人生活的适应，而且导致家庭的不安定。譬如：批评——对他人的人格、态度或行为提出负面的评价；贬低——用不文明的字句伤害对方的人格和尊严；说教——夸夸其谈，不能换位思考；唠叨——同一句话翻来覆去，等等。

倾听是良好沟通的前提。一位同学这样称赞他的爸爸：我很喜欢爸爸的做法，每次月考结束，爸爸和我都会静静地坐在沙发上，泡两杯茶，像两个朋友一样交心。在这种宽松的氛围下，人往往更容易接受别人的意见和建议，爸爸走进了我的精神世界，我也向他开启了心灵之窗。

测试 7　你是沟通高手吗？

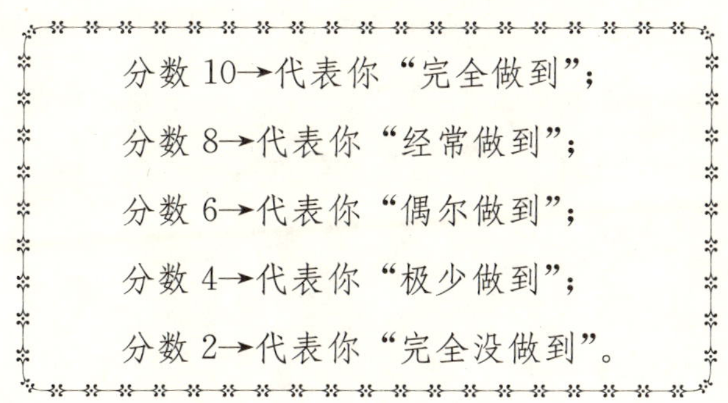

分数 10→代表你“完全做到”；

分数 8→代表你“经常做到”；

分数 6→代表你“偶尔做到”；

分数 4→代表你“极少做到”；

分数 2→代表你“完全没做到”。

父母篇

❶ 我在家人面前可以畅所欲言。

❷ 我和家人每天有两个小时在一起沟通交流。

❸ 我非常喜欢听妻子（丈夫）在我的面前谈“天”说“地”。

❹ 即使我去外地出差开会，也会每天给妻子（丈夫）打电话。

❺ 每天的晚餐，也成了我们全家沟通交流的平台。

❻ 家里的重大事情，我们习惯召开家庭会议讨论决定。

❼ 如果夫妻之间有了小口角，双方谁也不会关上沟通的管道，懂得宽容和谅解。

❽ 我很注意倾听他（她）的每一句话。

❾ 除了语言沟通之外，我们很重视调动其他载体进行沟通，譬如每当他（她）的生日，我都会给他（她）发一条短信，送一束鲜花。

❿ 我们之间沟通的内容非常广泛，大家有共同的兴趣。

孩子篇

❶ 我有很多小伙伴，在课余时间，我们经常说说笑笑，团结友好。

❷ 我接听电话，经常使用“你好”“请”“对不起”等词语。

❸ 我与班里异性同学既能很好沟通，又不超越同学的界线。

❹ 在爸爸妈妈面前，我有很多话与他们说。

❺ 我认为：我与父母之间虽有代沟，但可以跨越，关键是理解。

❻ 每当与别人沟通有了障碍，我经常会反思自己。

❼ 我很注重学习沟通的技巧。

❽ 我与老师说话并不感到胆怯。

❾ 每年元旦、春节，我会给同学送去贺年卡。

❿ 我努力以不同的社会角色去适应社会，学会与社会上不同的人进行沟通。

【解析】

50分以下（含）

在你的面前亮起了沟通的“红灯”。在人际交往中，你与周围人沟通困难重重，朋友很少，物质生活也许什么也不少，但并不快乐。

51～70分

在你的面前亮起了“黄灯”。也许你与周围人正在努力沟通，但由于种种原因，到达理想的境界还有一段不小的距离。

71～90 分

在你的面前亮起了“绿灯”。你是一位非常善于沟通的人。妻子（丈夫）和孩子也一定很乐意与你沟通交流。在沟通中，你已经获得不少快乐。但为了家庭的幸福，你还要继续努力。

91 分以上

恭喜你，你已经成为沟通的高手，你正在享受幸福的家庭生活。

第52招

种一棵“理解树”

一天，小强的妈妈来到学校，向老师倾诉自己心中的困惑和痛苦：最近，我的孩子越来越不听话，我苦口婆心教育他，他却不以为然，甚至不愿与父母交谈沟通。平时，孩子有意无意在疏远自己。自己很想关心他，但孩子却表现出一种敌视的态度。我真不明白，自己辛辛苦苦把孩子养大，却换来孩子这么对待自己，这到底是怎么回事呢？

听完小强妈妈的倾诉，老师从抽屉里拿出小强写的作文——《给自己父母的一封信》，小强妈妈读完信，眼泪夺眶而出：“以前也知道孩子大了有自己的想法，却没有想到现在的孩子心中装着这么多的事，透过这封信，我仿佛听到了他内心深处在呐喊：‘理解万岁！’”

理解是什么？

家长渴望孩子的理解，理解家长对子女的期望，理解父母对子女的一片爱心。孩子也渴望父母的理解：我已经长大了，我需要独立，我需要父母的尊重！那么，什么是理解呢？一位家长说："对孩子的理解，就是换位思考，站在孩子的立场上，将心比心。"孩子说："对自己的理解，是一种坦诚；对父母的理解，是一种体谅。"做父母的，如果学会了理解，也就有了宽容的心态，凡事会站在孩子的立场上去考虑问题、会理解并尊重孩子的感受，使教育达到润物无声、春风化雨的效果。而不能理解孩子的父母根本无法摆脱由此带来的烦恼与痛苦。

一位已经下岗的父亲，宁可自己节衣缩食，仍然每周双休日带孩子去肯德基，每月给孩子大把大把的零花钱，孩子身上穿的仍然是名牌服装、运动鞋……而孩子却一点也不理解父母挣钱的不易，更不能体会家庭生活的酸甜苦辣。只有理解父母的孩子，才能承担家庭的责任。今天理解父母的辛劳，将来才能孝敬父母。

理解可以跨越"代沟"。

我们正生活在信息化时代。信息传播的现代化动摇了父母的权威地位，终身学习社会中的后喻文化向父母提出了"向孩子学习"的历史使命。在一个家庭里，由于父母与孩子所处的不同的经历、不同的文化背景，尽管在同一屋檐下共同生活，"代沟"仍不可能避免。但"代沟"可以跨越，理解就是两代人之间互动的桥梁。每天晚上，全家人围坐在电视机前，年长的父母爱听民族化传统戏曲，年轻的孩子追求流行、时尚、通俗，其实一点也不值得大惊小怪，两代人之间只要相互理解，做父母的不妨也欣赏一下年轻人的流行歌曲，自己也会延缓衰老而永葆青春；作为年轻人也去欣赏一下老爸老妈的传统戏曲，也许会体会到有一种别有的韵味。有了相互理解，就有了共同分享交流的平台，每个人都能享受到和谐家庭的生活之美。

理解需要“换位思考”。

心理学家研究发现，孩子在10岁以前是崇拜父母的年龄，在他的眼里，爸爸妈妈都是了不起的英雄。但到了10岁以后，20岁以前，进入一个心理上对父母轻视的年龄，希望摆脱父母的约束，讨厌父母的唠唠叨叨，对父母的教育容易逆反与对立，崇拜体育明星、电视明星。到了20～30岁，才开始对父母有所理解。人到了40岁以后，才到了“常回家看看”的年龄。这个时候才真正理解父母真的不简单。

作为父母，如何才能理解孩子呢？

首先应了解孩子的生理和心理特点。譬如说，关于孩子的两个反抗期。从2～4岁出现“第一反抗期”，青春期出现“第二反抗期”。处在反抗期的孩子，父母应正确引导，而不能采用简单粗暴的方法。其次，父母应站在孩子的立场上，考虑他们的情感、他们的心理需求，将心比心，不以成人的思维去揣度儿童世界。

测试8　你是一位懂得理解孩子（父母）的好父母（孩子）吗？

分数10→代表你“完全做到”；
分数8→代表你“经常做到”；
分数6→代表你“偶尔做到”；
分数4→代表你“极少做到”；
分数2→代表你“完全没做到”。

父母篇

❶ 从来不用大人的标准去要求孩子。

❷ 非常尊重孩子对玩的需求。

❸ 每次与孩子沟通，我首先倾听孩子（即使自己不感兴趣的话，也耐着性子让孩子把话说完），并以商量的口吻与孩子对话。

❹ 对孩子与伙伴的交往，我持积极支持和欢迎的态度。

❺ 孩子身上有许多值得我学习的地方。

❻ 如果孩子犯了错误，我会持宽容态度。

❼ 我会尊重孩子的隐私，不翻阅孩子的日记。

❽ 对处在青春期的孩子，我有理解之心和关怀之情。

❾ 我会陪孩子一起玩。

❿ 我给孩子自由支配的时间和自主发展的空间。

孩子篇

❶ 知道父母从事什么工作，也理解他们工作的辛劳。

❷ 使用零花钱很节约，因为父母挣钱也来之不易。

❸ 父母对我教育的方法有时有失偏颇，但我理解他们：不管怎么样，总为我好。

❹ 我心里的苦闷和烦恼，愿意向父母倾诉。

❺ 我理解父母的辛劳，经常会帮助父母分担家务。

❻ 如果我成长在一个贫困的家庭里，但我并不认为贫困是一种耻辱。

❼ 我与父母沟通没有障碍，我们之间有许多共同语言。

❽ 对父母的唠叨，我一般不会顶撞。

❾ 如果父母心里不开心，我会说一句幽默的话，来调节家庭的气氛。

❿ 如果父母生病了，我会在生活上关心照料他们。

【解析】

50 分以下（含）

在你的面前亮起了“红灯”。在你们的家庭生活中，你们还没有真正学会理解，还没走上跨越“代沟”的大桥，所以在你的家庭里，两代人之间仍有不小的“代沟”。

51～70 分

在你的面前亮起了“黄灯”。在你们家庭成员之间也许正在相互理解，“代沟”正在缩小，但尚未真正地“跨越”。为了家庭的幸福和孩子的健康成长，大家需共同努力。

71～90 分

在你的面前亮起了“绿灯”。你们都善于“换位思考”，夫妻之间、亲子之间相互理解，好丈夫、好妻子、好孩子已离你们不远了。

91 分以上

恭喜你，你们全家每个人都很优秀，你们的家庭很温馨，人际关系很和谐，你正在享受幸福的家庭生活。

第53招

种一棵“反思树”

一位丈夫发现妻子最近一段时间，整天闷闷不乐，连吃晚饭也一言不发。难道夫妻感情出现了裂痕？丈夫认真反思了自己对妻子的态度，主动与妻子进行了沟通。原来，妻子的母亲最近身体一直不好，做丈夫的却总顾不上去探望一下，妻子当然有意见了！丈夫说改就改，当晚夫妻俩一起去了医院，还送去了许多营养品。

反思，为什么？

读小学时，我们不管是做数学题还是写作文，如果做错了，老师就会用红笔在上面打上一个大叉，然后在后面写上“订正”两字，要求我们“反思”做错的原因，以便今后在学习中不要再犯同样的错误。其实，小学如此，中学如此，长大后的家庭生活也是如此。人生的道路不可能一帆风顺，每个人也不可能十全十美，我们难免会说错话、做错事，有时甚至会面对挫败而沮丧。

作为家长，在孩子的成长过程中，从对孩子的教育观念到教育态度都是值得反思的。只有反思，才会觉醒；只有反思，才会有行动。这就好比我们在教育孩子要养成好习惯的同时，反思自己，我们自己的习惯养成得如何呢？我们该给孩子提供一面什么样的镜子？

反思，是学习，更是治疗。

反思的过程是一个学习的过程，是一个把理论上学到的知识与自己的生活实践、切身体验、感悟结合起来的过程，是一个获得生活智慧的过程。可以这么说，反思让人变得聪明起来。一旦我们掌握了生活的智慧，成功便会一路与之相随。

反思的过程也是行动的过程。只有反思，而没有行动，只是纸上谈兵。只有付诸实践，才能使自己一天天成长、不断进步。

生活是一所大学校，每天都有许多功课需要你去做。在那么多的功课中，难免会出错。如何“订正”生活中的每一道习题，将是每个人人生的一大挑战！不要急功近利，更不要浮躁一时，要不断提醒自己：一生的功课必须认真学习并完成，相信自己，反思自己，只有这样，才能摒弃生活的惰性，去自我改变，自我完善。

测试9 你是一位好丈夫（妻子）、好孩子吗？

分数10→代表你“完全做到”；
分数8→代表你“经常做到”；
分数6→代表你“偶尔做到”；
分数4→代表你“极少做到”；
分数2→代表你“完全没做到”。

父母篇

❶ 如果与妻子（丈夫）发生摩擦，我会做自我批评。

❷ 如果我错怪了孩子，我会向孩子道歉。

❸ 经常用写日记或开家庭会议的形式，反思自己的言行。

❹ 对善意的批评和建议，我都会乐意倾听和接受。

❺ 反思自己、倾听心声是我与家人沟通的重要内容。

❻ 经常反思自己对家庭的责任，发现还有哪里需要改进。

❼ 反思自己对孩子的教育观念和教育方法，还需要不断学习和改进。

❽ 反思自己对家庭的挫折和失败，我会在反思中吸取教训，使自己走向成功。

❾ 在报刊上读了成功人士的报道，我会通过反思来借鉴他人的经验。

❿ 我能客观地对待自己身上的优点和不足。

孩子篇

❶ 来自父母的批评，我不会顶撞。

❷ 有写日记的习惯，日记是我生活的一面镜子。

❸ 每学期考试结束，我会反思自己的学习态度，总结经验和教训。

❹ 如果与同学产生矛盾，我会从自己身上找原因。

❺ 我能经常反思自己的优点和缺点，学会优点做加法去发扬，缺点做减法去克服。

❻ 我会虚心向周围优秀的同学学习。

❼ 反思我对父母的态度，我尊重他们、理解他们也孝敬他们。

❽ 反思我的家庭责任心，双休日会帮助父母承担一些家务劳动。

❾ 在学习生活的道路上，我天天都有小目标，年年都有大目标。

❿ 认为不断学习、成长，不断自我改变、自我发展是每一个人一辈子的事。

【解析】

50分以下（含）

你的家庭亮起了“红灯”。在你的生活中，你还没学会使用“反思”这面镜子，所以你的家庭仍处在亚健康状态，只有通过反思，才能得到治疗和康复。

51～70分

你的家庭亮起了“黄灯”。在你的手中也许已拿着一面“反思”的镜子，但使用得还不得心应手。为了家庭的治疗和康复，你必须作出很大的努力。

71～90分

你的家庭亮起了“绿灯”。你是一经常反思自己，对自己高标准严要求的人。希望你们全家共同努力，好丈夫、好妻子、好孩子已离你不远了。

91分以上

恭喜你，你们全家都很优秀，你们的家庭很温馨，你们正在享受幸福快乐的家庭生活。

第54招

种一棵“微笑树”

一位学生在日记中这样写道：每天放学，我背着书包走进家门，首先映入眼帘的是爷爷那开朗的笑容。他虽然双脚残疾，走路靠拐杖，每走一步都要使出全身的力气，但在他的脸上始终荡漾着微笑。他凭什么笑得如此爽朗，如此乐观？他在解放前吃过很多苦，在抗美援朝中，打过仗，受过伤，是个残废军人，但是他知足，他感恩，他珍惜他所拥有的，而不去看他所失去的。微笑，让老人也变得越来越年轻；微笑，给我们家洒满阳光。爷爷的微笑，对我来说，永远是春风拂面，倍感亲切与温馨。

有人说，微笑是心灵盛开的一朵鲜花，只要让它轻轻地绽开，就会产生无穷的魅力。

微笑让自己变得更美丽。

微笑，会给家庭带来快乐。丈夫在妻子的微笑中感受家庭的温馨，妻子在丈夫的微笑中看到了爱情的永恒，孩子在父母的微笑中理解了期待与信任。父母脸上的微笑，对孩子来说永远是春风，它可以叩开孩子心灵的窗户，让孩子的心与你贴得更近。

列夫·托尔斯泰说过：我觉得人的美貌就在于一笑。如果这一笑增加了脸上的魅力，这脸就是美的。心理学家研究表明：人的面部表情可影响人的情绪，你微笑，心里是平和愉悦的。一个人最美的时候是他在发出微笑的时候——不管是男人还是女人，是小孩还是大人，无一例外。

试着早上醒来对你的爱人微笑；试着下班回家，对着放学回家的孩子微笑；试着对你在小区所碰到的每个邻居微笑；试着对你的每一位同事微笑！生活好像一面镜子，你对它微笑，它就对你微笑；你善待它，它一定会善待你！

让自己的心灵永远微笑。

我们每个人都会有情绪起伏：喜、怒、哀、乐、紧张、悲伤……情绪影响心境，一个人的情绪不仅影响他的健康和生活，而且影响整个家庭的氛围。

我们如何才能成为情绪的主人，面对生活中的挫折、不幸、困难和烦恼，成为生活的强者？如何才能做到“天天都有好心情，让微笑常驻脸庞”？

坏情绪既不可抑制，也不宜放任，却可以经由知觉加以自我调适。例如产生愤怒情绪时，不妨找个舒适的地方走走或坐坐，让自己的身体完全放松，喝口水，洗把脸，到户外去呼吸一下新鲜的空气，或听听音乐，找个朋友聊聊，让自己的心境完全平静下来。或者闭上眼睛，深呼吸几次，然后做一个美好的回忆。然后再反思自问：我为什么要生这么大的气？我是怎么想的？理性吗？如果不动怒，可以采取其他什么行动吗？只有当我们的情绪进入平静时，才可以反思自己，如何关好自己情绪的“龙头”？不理性的信念会影响情绪，会阻碍感官的敏感性，甚至会使自己的思维混乱。然后来个自我暗示：“我能行！一定办得到！”或说：“我已尽力了，这样就好。”

测试10 你快乐吗？你的家庭快乐吗？

分数10→代表你“完全相符”；
分数8→代表你“经常做到、想到”；
分数6→代表你“偶尔做到、想到”；
分数4→代表你“极少做到、想到”；
分数2→代表你“完全没做到、想到”。

父母篇

❶ 我心态比较平和，所以我天天都很快乐。

❷ 每天早上，在走出家门之前，我都会对着镜子照一照，带着微笑去上班，总感到精神焕发。

❸ 我总以乐观的心态面对生活中的挫折与忧虑。

❹ 在人际交往中，我以微笑来播种快乐，让微笑赶走烦恼。

❺ 在遭遇尴尬时，我会来一招“幽默”。

❻ 我对自己的外貌、身材、生活状况、事业发展总体感到满意和知足。

❼ 我认为：人生快乐的资源都控制在自己身上。

❽ 我坚信：如果不能改变环境，就改变自己。改变自己的过程，就是学习的过程。

❾ 我是情绪的主人，我知道如何调适自己的心理，使自己永远有一个健康的心态。

❿ 我从不对孩子发火，也不说伤害孩子的话。

孩子篇

❶ 我对自己的相貌、体形、身材感到满意。

❷ 我是一个不让情绪牵着鼻子走的人，如果脾气不好，也会懂得如何“冷处理”。

❸ 每天，我迎着早上升起的太阳，以饱满的情绪走进学校。

❹ 我认为：年轻人没有失败，失败也许就是成功的前奏。

❺ 对自己的学习我充满信心。

❻ 与同学相处，我很开心。因为我开心，大家也开心；大家开心，我更开心。

❼ 我认为：微笑是人具备的天赋，是人与动物的分水岭。

❽ 我的微笑给爸爸妈妈带来快乐。

❾ 我们的家只有笑声，没有打闹声，我对我的家庭很满意。

❿ 我的爸爸是个快乐的爸爸，我的妈妈也是个快乐的妈妈。

【解析】

50分以下（含）

你的家庭亮起了“红灯”。在你的身上缺少微笑，在你的家庭缺少快乐。

51～70分

你的家庭亮起了“黄灯”。你也许在物质上很富裕，但财富未必会给你带来快乐。其实，家庭中的每个人都可以成为快乐的主人。只有让心灵充满微笑，笑容常驻脸庞，快乐才能真正属于我们每个人自己。

71～90分

你的家庭亮起了“绿灯”。你是一位快乐的人，为了快乐生活每一天，你还要继续努力。

91分以上

恭喜你，你正在享受幸福快乐的家庭生活。

后　记

从女儿的爸爸到外孙的外公

如果把人生比作一辆列车，我已驰过了 72 个车站；如果把人生比作一本书，我已写完了 72 章。今年我已经 72 岁了。

回顾我的人生：28 岁结婚成家，29 岁开始学着做爸爸。那时，邻居阿姨说：“看你模样还一脸孩子气，一眨眼，当爸爸了。”记得，那时接到杨浦产科医院电话：“你妻子分娩了，生了一个女儿！”我急不可待地赶到产房，难以控制内心的喜悦与兴奋，把正在熟睡的女儿抱在怀里，真不知两只手该放在什么位置，如何才能让孩子感受爸爸怀抱的温暖。我当爸爸的消息很快传遍了当时我工作的“上海市中小学俄语教材编写组”，大家分享我当爸爸的快乐，经过大家的你一言，我一语，智慧火花的聚焦，为我的女儿取了一个叫得响的名字：乐萄萄，（乐陶陶的谐音）祝愿她的一生快乐幸福。

我 50 岁那年，女儿从上海财经大学毕业了，有了理想的职业，找到了终身的伴侣，结婚成家了。第二年 10 月，她生了一个儿子，取名石跃天（十月天的谐音），她也学着做妈妈了。我，作为女儿的父亲，面对我的第三代，我升格了，角色也变了，这是人生道路上从爸爸到外公一次角色的飞跃！

生儿育女，是每个家庭幸福的源泉，又是社会责任所在。每个家庭在生儿育女的过程中，家庭的传统美德得以继承，人类社会不断繁衍。孩子，既是祖国的未来，又是家庭希望所在。43年前，我当爸爸，我用自己的整个心，培养自己的下一代；43年后，我仍然用自己的整个心，培养着自己的第三代。如果把家庭比作一个舞台，我们都是这个舞台上的演员，不管是昨天、今天还是明天，我们演绎的是同一个主题、同一个剧目——让下一代健康成长，让家庭更快乐、更幸福。

我经常和妻子回顾我们所走过的43年的路程，共同讨论一个问题：43年之前我们组织了家庭，我们有了自己的女儿，我们作为她的爸爸妈妈，为她的成长而操劳；今天，我们退休了，我们为了自己的第三代责无旁贷，其辛苦程度，也不亚于当年。两种角色，同一个目标。两者之间究竟有什么变化？有什么差异？我说：家庭是舞台，我们都是演员，而且我们演的是连续剧，剧名：《幸福生活万年长》。43年前，我和你演的是这个连续剧的第一集，今天，你的女儿和女婿演绎的是她的续集，同一主题，但剧情已有了很大的发展，续集应该比第一集更精彩，更引人入胜。在这个连续剧中，今天，我们所担当的角色不一样了，我们不再是主角，而是配角。过去，我们当了43年主角，演得也很出色，也许可以评上一个什么“最佳主角奖”或者“黄金拍档”。但过去能当一个好主角的未必今天能当好一个配角。这里有一个重新学习的过程，这里有一个痛苦的角色转换的过程，这里有一个适应新剧情新要求的过程。

于是，在人生的道路上，我们又开始了新的摸索、新的实践、新的学习、新的体验。其目的是当一名有智慧的祖辈，写好人生新的一章。2010 年由天津教育出版社出版的《乐爷爷的“孙子兵法”》便是我和我的妻子进入外公外婆角色 5 年来的感悟与体验：“开心、开明、开窍”当好一名阳光老人，才能让自己的第三代“开心、开口、开窍”，开发其潜能，增强其体质，促进其健康成长和谐发展。

5 年来，我的外孙犊犊一天天长大，从这一本书的字里行间，可以看到他成长的轨迹。他的成长也伴随着我的成长，我与他一起游戏玩耍，我的童心得以萌发；在与他交流、沟通、分享中，我逐步读懂了这本“书”。这本书是我写给祖辈们看的，同时也是给孩子的父母们看的。今天，在“不要让孩子输在起跑线上”口号的鼓动下，有多少家长已按捺不住一颗平常心的宁静，纷纷把 0～3 岁的孩子拖上了“背唐诗、弹钢琴”的“战车”，过早参与社会人才的竞争。因此，早期智力开发被异化为“拔苗助长”，“学前教育”背离孩子成长的自然规律。根据我对小外孙养育实践的体会，我要呼吁我们的家长，特别是 0～6 岁小朋友的家长：让孩子玩在起跑线上，玩是孩子最好的学习，玩是孩子不可剥夺的权利，让孩子会玩、爱玩，小伙伴大家一起玩，玩出质量、玩出水平，在玩的过程中，激发其兴趣，培养其习惯，播撒聪明的种子。只有这样，才是真正着眼于孩子的未来与发展，对孩子的终身负责。它比分数、名次重要一千倍一万倍！我相信：只要我们天天浇水，在每一块和谐家庭的土壤里，每一颗种子都会生根，发芽，开花，结果。

我的外孙犊犊从 2005 年 10 月 15 日出生，至今已 11 足岁了。

自 2005 年至 2012 年犊犊幼儿园毕业，正处在幼儿教育的关键期，也是我涉足祖辈教育全身心投入期。在这个阶段，我是他的玩伴，他是我研究跟踪的个案。《乐爷爷的孙子新兵法》便是在《乐爷爷的孙子兵法》基础上修改充实和再思考。

2012 年，我的外孙犊犊进入小学。这五年，是我外孙学习任务发生重大变化的五年，也是我在“三代同堂”的大家庭里，祖辈教育与亲子教育不断磨合，形成教育合力的五年，更是我不断转换角色，逐步淡出，最终得体退出祖辈教育的五年。

在文汇出版社编辑黄勇老师的关心与支持下，《乐老师的家庭微教育》出版了。在这本书的每一章节里，我关注的是“三代同堂”的大家庭里，祖辈教育与亲子教育力量的整合，家庭人际关系的协调及祖辈在家庭教育中角色的多元与转换，在这十年时间里，我已完成了祖辈教育从进入到退出的全过程。可以这么说：进入祖辈教育角色是为了孙辈成长的需要，退出更是为了孙辈早日独立于社会的时代呼唤。

《乐爷爷孙子新兵法》和《乐老师家庭微教育》两本书同时出版，是我外孙犊犊成长的轨迹的见证，更是我对祖辈教育研究实践的十年总结和回顾。

乐善耀

2017年3月